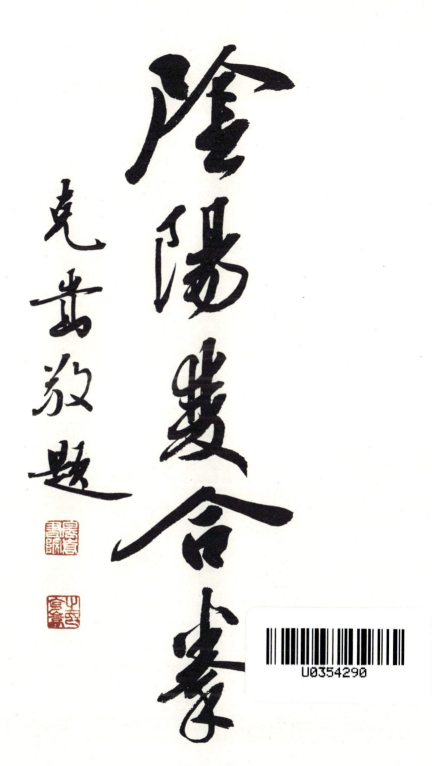

阴阳双合拳第十六代传人侯克嵩题"阴阳双合拳"。

安徽省文化和旅游厅资助项目

阴阳双合拳

韩荣春 余年琴 侯克嵩 / 著

中国科学技术大学出版社

内 容 简 介

本书追踪了阴阳双合拳的来龙去脉，概述了练习阴阳双合拳的特色强身作用，以图文并茂的形式全面解读了阴阳双合拳的77式动作，详细说明每一式的动作要领、练习时的注意事项等。书中配有由第十五代嫡宗传人韩荣春示范的图片和演示视频。

本书可为广大武术爱好者提供阴阳双合拳的书面理论指导和研究依据，以期为中华武术的进一步发扬光大及全民健康事业的推进做出贡献。

图书在版编目(CIP)数据

阴阳双合拳/韩荣春,余年琴,侯克嵩著. —合肥:中国科学技术大学出版社, 2021.12

ISBN 978-7-312-05334-4

Ⅰ. 阴…　Ⅱ. ①韩…　②余…　③侯…　Ⅲ. 拳术—套路(武术)—中国　Ⅳ. G852.191.9

中国版本图书馆 CIP 数据核字(2021)第260135号

阴阳双合拳
YINYANG SHUANGHE QUAN

出版	中国科学技术大学出版社 安徽省合肥市金寨路96号,230026 http://press.ustc.edu.cn https://zgkxjsdxcbs.tmall.com
印刷	安徽国文彩印有限公司
发行	中国科学技术大学出版社
经销	全国新华书店
开本	710 mm×1000 mm　1/16
印张	14
字数	206 千
版次	2021年12月第1版
印次	2021年12月第1次印刷
定价	70.00 元

PREFACE
前 言

武术是中华民族传统文化的瑰宝,记载着中华民族的发展历程,充满了中国人民的智慧。武术的每一个拳种流派,都有其形成的历史、创始人、传承人,还有传播的方式等;武术不是简单的动作,它浸透着民族的精神、民族的思维、民族的智慧、民族的文化。

在中华武术这个生生不息、延衍流长的大家庭中,阴阳双合拳作为一项独门绝技,流传迄今已有600多年,一代只传一个人,代代相传、口口衍传,至今单传十五代。相比于大家耳熟能详的知名武术流派、传统武术门派,阴阳双合拳犹如一个养在深闺人未知的小家碧玉,在汲取少林之精髓、吸收武当之精华的基础上,独树一帜,自成一体,不显山露水、不与人争锋,晏然自若地创立、求索、传承和发展着……

阴阳双合拳创始人杨艺,是"杨家将"后人,为元末明初时期著名武术家。杨艺少时习武,精通少林、武当各家功夫,在毕生练习钻研少林和武当等内外家功夫的基础上,融合二者之长创建了一套适合强身健体的拳术。该拳术既有少林派的刚猛舒展,又有武当派的阴柔绵长,自始至终蕴含着阴阳动静的辩证统一。每个动作都在阴阳变化之间不断并存、不断交融、不断转化、不断演变,将"内练心意灵感气,外练神韵筋骨皮"的内外家功法合二为一。

该拳术巧妙地把武术肢体运动阴阳与中医学人体脏腑脉络阴阳融为一体，故命名为"阴阳双合拳"。

杨艺一生坎坷，精心习武，考虑到阴阳双合拳的强身价值很高，故在创拳后，即立下门规，是谓单传。至第十三代时，传于九华山护院武师尚吉杰，法号宗德。第十四代时，传于安徽省著名武术家余化龙，他早年是著名的爱国将领卫立煌将军军营的武术教头，新中国成立后成为安徽省首批武术名家，晚年执教于合肥市武术队，为安徽省培养了很多优秀的武术人才。第十五代时，由余化龙传于弟子韩荣春。

阴阳双合拳传人韩荣春，是安徽省合肥市蜀山区小庙镇人，今年70余岁。其自幼随父练武，12岁拜余化龙老师为师，学习了长拳、短打、形意、八卦、查、华、炮、洪等拳术套路，学习了长、短、单、双、软、硬器械，以及散打、摔跤、擒拿、自由搏击、铁布衫、罡风掌等功夫。其刻苦努力的精神深得师父喜爱，故而将世代单传的阴阳双合拳传授于他，韩荣春即为第十五代传人，也是当时的唯一传人。在余化龙师父的教诲下，韩荣春在武术界得到了广泛认可，毕生习武，武艺高强，传教弟子，桃李满天下。他曾被授予"安徽省十佳拳师""中国民间武术家""中国太极拳名师"等称号。

为了将阴阳双合拳传承下去，传承发扬光大的工作成了韩荣春心中的大事。2014年以来，韩荣春作为阴阳双合拳第十五代传人，深切感到"武术逢盛世、发展正当时"，必须改变"过去拳法都是单传"的被动局面，必须顺应"武术应该属于全人类"的时代潮流，一定要将阴阳双合拳文化衍承好、传播好、发扬好。近年来，韩荣春将大量精力投入阴阳双合拳文化的推广传播，一方面广拓渠道整理资料，成功申报了"非物质文化遗产"，另一方面广开门路收徒传承，不断发扬阴阳双合拳文化。如今，让韩荣春颇感欣慰的是，自己毫无保留地亲手传授的最早一批徒弟，不仅已经基本领会掌握该拳的要义，还积极参与本书的编辑撰写，为阴阳双合拳文化的传承与创新发挥了重要作用。

合道而行，天助人成。文化，让文明更灿烂；健康，让世界更美好。传承中华武术文化，携手众生祈福，共祝世界祥和！相信通过一代又一代武术爱好者的传承、弘扬、光大与创新，阴阳双合拳定能绽放更大的光芒，结下更多的果实，造福更多的世人。

该拳术套路中某些特色动作有多次重复，是为了强化动作对人体脏腑脉络的正向刺激唤醒作用，更好地实现阴阳平衡，增强练习效果。由于前后衔接的动作不同，为了使读者更顺畅地练习，本书将这些重复招式都进行了解释和示范。书中提及搏击作用，目的是提高练习者的防身自卫能力，严禁以武恃强凌弱、寻衅滋事、打架斗殴。书中添加的示范视频可通过微信、QQ或浏览器直接扫描二维码进行观看，如果不能正常播放，请将手机更新至最新版本再进行尝试。如果还不能播放，请把问题反馈至邮箱 book88@ustc.com.cn，我们将帮助您解决。

感谢安徽省文化和旅游厅、合肥市文化馆、蜀山区文化馆和小庙文化站等各级各部门的全方位关心支持，使本书得以出版。另外，阴阳双合拳第十六代传人朱新龙对全书视频进行了剪辑，在此也表示感谢。

本书不是名人传记，也非大师经典，但却是韩荣春几十年来对阴阳双合拳拳道习悟的真实记载，书稿图文并茂，通俗易懂，介绍的拳术刚柔并济，阴阳交融，具有非常高的运动强身健体作用。当然本书也会存许多不足、缺欠甚至错误，但字里行间饱含了作者的真悟实感，也浸透着一代一代前辈们的汗水和心血。自然最美，真实就好。真实中的欠与缺，期待大众评说、批评、指正！

余年琴

（阴阳双合拳第十六代传人）

2021年10月

CONTENTS 目 录

前言 /i

第一章 阴阳双合拳的传承 /001

第一节　阴阳双合拳创始人杨艺的传奇人生　/002
第二节　阴阳双合拳第十四代传人余化龙的爱国情怀　/007
第三节　第十五代传人韩荣春传承和发扬阴阳双合拳之路　/011

第二章 阴阳双合拳概述 /031

第一节　何为阴阳双合拳？　/032
第二节　阴阳双合拳功夫特色与强身作用　/034
第三节　阴阳双合拳运动与搏击的关系　/037
第四节　阴阳双合拳运动结构的合理性　/039
第五节　阴阳双合拳练习歌谣　/041

第三章 阴阳双合拳动作详解 /043

第一式○起势	/045	第八式○双击风中	/062
第二式○雁嘴手右金鸡独立	/048	第九式○激膏肓左右蹬腿	/065
第三式○鸿雁展翅	/050	第十式○强精化髓	/069
第四式○鸿雁盘空	/053	第十一式○双击双阴	/073
第五式○雁嘴手左金鸡独立	/055	第十二式○震膻中	/075
第六式○鸿雁展翅	/056	第十三式○右缠六筋	/076
第七式○鸿雁盘空	/058	第十四式○牵六筋左侧蹬脚	/078

第十五式○左缠六筋　　　　/080　　第四十二式○右击风中左右弹踢　/140

第十六式○击海关　　　　　/083　　第四十三式○右背纤　　　　　/143

第十七式○引火归元　　　　/087　　第四十四式○十字缠六筋　　　/145

第十八式○右侧桩　　　　　/088　　第四十五式○击海关　　　　　/146

第十九式○阴阳双合手　　　/089　　第四十六式○巨阙献果　　　　/148

第二十式○激通八脉　　　　/091　　第四十七式○左侧蹬　　　　　/149

第二十一式○反臂正蹬　　　/094　　第四十八式○左缠六筋　　　　/150

第二十二式○强精化髓　　　/096　　第四十九式○强精化髓　　　　/151

第二十三式○双击双阴　　　/100　　第五十式○开合阴阳手　　　　/152

第二十四式○震膻中　　　　/102　　第五十一式○腾空摆莲　　　　/156

第二十五式○左右缠六筋　　/103　　第五十二式○翻身左右缠六筋　/158

第二十六式○跃步独立　　　/104　　第五十三式○屹立如松　　　　/161

第二十七式○双击双阴　　　/107　　第五十四式○跳马双抄拳　　　/162

第二十八式○震膻中　　　　/110　　第五十五式○左右背纤　　　　/164

第二十九式○左右缠六筋　　/111　　第五十六式○震脚内格　　　　/166

第三十式○强精化髓　　　　/112　　第五十七式○右侧蹬　　　　　/168

第三十一式○开合阴阳手　　/114　　第五十八式○跳三拳　　　　　/169

第三十二式○运调阴阳　　　/118　　第五十九式○踏逍遥　　　　　/171

第三十三式○蝶步阴阳桩　　/122　　第六十式○震击阴阳　　　　　/173

第三十四式○左击风中左右弹踢/124　第六十一式○阴阳双合手　　　/175

第三十五式○左背纤　　　　/126　　第六十二式○跳跃马步栽拳　　/177

第三十六式○十字缠六筋　　/128　　第六十三式○旋风脚　　　　　/180

第三十七式○巨阙献果　　　/130　　第六十四式○马步击震阴阳　　/182

第三十八式○引火归元　　　/132　　第六十五式○左侧踹　　　　　/184

第三十九式○右侧桩　　　　/134　　第六十六式○大开大合　　　　/186

第四十式○阴阳双合手　　　/135　　第六十七式○右侧踹　　　　　/188

第四十一式○激通八脉　　　/137　　第六十八式○震膻中　　　　　/189

第六十九式○开合震肋 /190
第七十式○抒气擎天 /192
第七十一式○击震海箕 /193
第七十二式○左背纤 /195
第七十三式○左蹬脚 /196
第七十四式○左缠六筋 /198
第七十五式○碰手左侧桩 /199
第七十六式○阴阳双合手 /201
第七十七式○收势 /203

附录 媒体报道资料集锦 /205

第一章 阴阳双合拳的传承

　　在中华传统武术的百花园里，阴阳双合拳因其拳法成功地融合了武术运动阴阳与中医学的脏腑脉络阴阳而得名，是一套不可多得的既具有搏击作用更具有强身健体作用的拳术。创始人杨艺，一生历经坎坷，他立下门规，该拳只能选择德艺兼备之人单传，所以六百多年来阴阳双合拳一直世代单传，鲜为人知。

　　下面，让我们伴随几代传承人的传奇经历，慢慢揭开阴阳双合拳的神秘面纱，领略她的神奇魅力。

第一节　阴阳双合拳创始人杨艺的传奇人生

想要领略阴阳双合拳创始人杨艺熠熠生辉的武术人生，必须翻开历史长河的卷轴，从中阅读、追寻、感悟……

在中华民族五千多年的历史长河中，涌现出一大批精忠报国的人物、一大批保家卫国的家族。在这灿若繁星的中华优秀家族中，"杨家将"作为宋朝著名的军事家族，其精忠报国的动人事迹在中国民间广为流传，其忠于国家和民族的不朽精神在神州大地上广为传颂。关于"杨家将"的故事，由于其弘扬了保国抗敌、惩恶扬善、崇忠仇奸的正义精神，可谓家喻户晓、尽人皆知。

"杨家将后人"，是让人振奋的称谓，是令人敬重的家族。祖师杨艺自小正是受到"杨家将"的奉献精神和家国情怀熏陶，在创立阴阳双合拳的坎坷历程中，不畏艰难、不顾安危，历经困苦、求索创新，忠贞不渝、英勇奋战，为创立发展阴阳双合拳奉献了毕生心血。

现在，我们进一步探寻杨艺创作阴阳双合拳的坎坷历程，正是表达和彰显一颗崇敬之心、一种爱国之魂、一腔感念之情、一份传承之志。

一、少年落难初入少林

杨艺作为"杨家将后人"，其坎坷曲折的习武经历，须追溯到元末明初时期。

元末明初，由于连年战争、连年灾荒，社会动荡不安，老百姓生活极其穷苦困顿，处于水深火热之中，可谓民不聊生、饿殍遍野，苦不堪言。"杨家将后人"也未能免遭苦难，杨艺父母因病带饿相继去世。年仅八岁的小杨艺失去双亲后，也难以为继，经常饥肠辘辘、饥饿难当，甚至几天也吃不上一顿饭，有时靠挖野菜充饥。直到有一天，他饿倒在嵩山脚下，后被一僧人救回少林寺，方丈看他实在可怜，同意收留几天，先挽救幼小的生命再说。

"天无绝人之路，地有好生之德。"几天下来，小杨艺在僧人的细心照顾下，身体逐渐康复,精神逐步焕发。滴水之恩,当涌泉相报。懂事的小杨艺感激不尽,非常珍惜每一次感恩的机会,勤劳卖力地给寺里干杂活,只要是力所能及的事,他都主动干、抢着干、埋头干。数十天过去了,小杨艺的真诚和勤劳打动了众僧,方丈通过日常观察也很认可他。一个月后的一天,方丈详细了解了杨艺的家庭情况后,问他是走还是留。杨艺当即点头,恳求方丈将其留下,并下定决心,只要能留在少林寺中吃口饱饭,干再多的杂活,受再多的苦累,自己都愿意。看着眼前聪明伶俐、勤奋好学的小杨艺,慈悲为怀的方丈便留下了他。

"宝剑锋从磨砺出,梅花香自苦寒来。"小杨艺白天帮着寺里做很多力所能及的活,晚上看着武僧们练习武术。对于这一招一式,他大开眼界,充满了好奇之心和羡慕之心,细看在眼里、比划在手里、牢记在心里,聚精会神地看,风雨无阻地学。这些都被方丈看在眼里,喜上眉梢。方丈看他的身材骨架也的确非常适合练习武术,有心想收他为徒,于是问他:"想学武术吗?"杨艺听到这话激动地流下热泪,说:"我从小在外面讨饭吃惯了苦头,受够了欺侮,如果能练武,不仅能够强身健体,保护自己,还能够匡扶正义,保护百姓。"就这样,方丈收下了杨艺并接纳他为俗家弟子。

"拳不离手,曲不离口。"从此,在方丈严格而精湛的传教训练下,杨艺"冬练三九、夏练三伏",勤奋苦练,在岁月辗转、时光见证下,功夫愈加过硬。一晃十二年过去了,杨艺不仅学习了少林的拳脚功夫,刀枪剑棍等十八般兵器也样样精通。

"天道酬勤,厚德载物。"方丈不仅把武艺精髓传授给了杨艺,还把自己毕生钻研的跌打损伤治疗等中医秘方也传给了他。

一日,方丈对杨艺说:"你已长大成人,好男儿志在四方,下山去吧。"纵然不舍,杨艺还是拜别恩师,离开少林寺,来到熙熙攘攘的大千世界。

"人生地不熟",下山后的杨艺只能发挥自己的一技之长,靠卖艺糊口。第一次卖艺,杨艺精湛的武艺便引得围观百姓的连连叫好。自此之后,杨艺便以卖艺为生,行走江湖。

渐渐地,凭借高超的武艺,杨艺在江湖上名声大震,不管走到哪里,都有高手想和他切磋武艺,而杨艺几乎从未失手,特别是他的腿上功夫十分了得,江湖人称"神招铁腿杨"。

二、钻研武术再入武当

"学无止境,精益求精",虽然武艺已经很高,但杨艺并不满足,练功之余,他还潜心钻研各家功夫的精华妙处。为了了解武当内家功法,他三上武当山,拜师学艺。

"精诚所至,金石为开",最终,杨艺的诚心打动了武当宗师紫阳真人,紫阳真人答应收他为徒。杨艺天资聪颖,又酷爱武术,紫阳真人对其倾囊相授,不但教授他武当功夫,还把他毕生钻研来的中医知识和阴阳八卦知识也传给了他。

就这样,杨艺在武当山又学艺十年,不仅掌握了高深的武当绝技,悟透了武当内家功夫精髓,还学到了中华文化精髓——阴阳八卦和中医知识。

三、重返江湖行侠仗义

紫阳真人见杨艺已经学有所成,于是让他下山去弘扬武术事业。杨艺再度拜别恩师,重返江湖。

一日,杨艺访友,来到开封。刚进城,他便听说有人设台打擂。为了长见识,杨艺来到擂台下认真观摩。

围观时听说前几日一个打擂台的青年受了伤,今天伤愈后又来讨公道。杨艺仔细查看擂台告示:此擂台名曰"招贤擂",上擂比武切磋功夫,只为与天下朋友交流技艺,招贤纳士,上台打擂优胜者可得赏银五两。见多识广的杨艺意识到,此擂台不过是当地恶少心怀叵测、用人练手的幌子罢了!

不下几个回合,已见那恶少步伐慌乱、支撑不住,这时他竟从腿肚旁拔出一把短刀刺向打擂青年……正要结果那青年性命时,杨艺看得真切,大喊一声:"住手!"说时迟那时快,他一个箭步跳到擂台上挡住恶少,并点指直问:"光天化日,你竟敢使用暗器夺人性命,如此卑劣手段,你眼里还有王法吗?"

恶少答道:"老子就是王法,你想领教吗?"话音未落手持尖刀直向杨艺前胸刺来。就在这刀光寒影之间,杨艺借闪身之机顺势一脚踢中恶少肝部,因用力过猛,恶少随即倒地吐血不止。

杨艺悔之不及,这时四周早已埋伏好的打手们持刀、枪、剑、戟蜂拥而上,扬言捉拿凶手。杨艺见势不妙,三十六计走为上,于是使出神招铁腿,罡风如意掌,闪展腾挪恰似蛟龙出海,声东击西犹如猛虎下山,瞬间冲出重围。

跑出城外约三里之地,杨艺仍听身后有马蹄声临近,并隐隐感觉脑后一股冷风袭来。回头观瞧,果然见那马上之人正举枪全力刺向自己的后背。杨艺闪身躲过枪头,随即反手抓住枪杆,借力纵身跃起,一个横空扫腿踢向那人头部。迅雷不及掩耳,对手被突如其来的一腿扫中太阳穴,当场栽于马下。

杨艺顺势上马扬鞭而去，等到身后再无追兵，这才弃马步行，来到一个小镇藏身。两日后听说那恶少已死，此人是朝廷一品大员之子，一贯欺行霸市、草菅人命、无恶不作，老百姓一直敢怒不敢言。现在满街告示画影图形，要捉拿凶手，灭门九族，发现可疑之人报官赏银千两。不过杨艺的善举博得百姓支持，人们把他视为除暴安良的好汉。

四、隐姓埋名创立奇拳

俗话说重赏之下必有勇夫，终于有一天，杨艺住店时被人发现并举报，当时店家四面被包围。情急之下，杨艺悬身贴于床底上面的床板才躲过劫难，事后跳窗逃脱追捕，从此居无定所。

此时的杨艺已过不惑之年，倍感江湖漂泊生活艰辛，他决意更名换姓，告别卖艺生涯，另谋生路。于是他给自己改名梁才，来到现在安徽省境内的九华山脚下一个大财主家里，当上了护院领班教头，从此过上安静平和的生活。

闲暇之时，梁才常常琢磨少林和武当内外家功法的各自特色，运用他所掌握的人体穴位、中医知识和阴阳八卦理论，慢慢创编了一套新的既具有格斗搏击作用更具有强身健体作用的拳术。由于套路中的"手眼身法步"演变着阴中有阳、阳中有阴的无穷变化，其牵拉拽引、螺旋缠绕、敲击震穴等动作亦均运动在阴阳十二经络之中，是把武术运动阴阳与中医人体脉络阴阳成功融合的拳术，故命名"阴阳双合拳"。

五、世代单传立下门规

这时的梁才想找一个德艺兼备之人收为弟子传承其拳，但由于不能走出庄院，这一夙愿年复一年，一直拖了二十多年。此时的梁才已经七十五岁高龄，他想现在应该没有人再知道当年之事，于是他以年老为由辞别庄院走出大山，回到江湖，寻找他心中的弟子。功夫不负有心人，终于有一天他如愿收了一名高徒，传授了他毕生所学，包括阴阳双合拳。

"孩子，我这一辈子就收你一个弟子，你要时刻记住，你以后收徒一定要选德艺兼备之人，不能滥收，否则招惹是非，祸延子孙。"就这样，阴阳双合拳只传一人成为门规。而一代宗师梁才因命运不济，一生忙于生计和武术事业，终身未娶，享年九十一岁。

阴阳双合拳由于祖师所立只传一人的门规,从此在安徽境内世代单传,一代一代静悄悄地生长。第十三代时传给了九华山护院法师尚吉杰,法号宗德。宗德法师在他的有生之年收了老合肥肥东余墩的徒弟余化龙,将其毕生所学所研武艺悉数传授于他,并选定余化龙为阴阳双合拳第十四代传人。

◆阴阳双合拳第十三代传人宗德法师

第二节　阴阳双合拳第十四代传人余化龙的爱国情怀

余化龙是老合肥肥东余墩人,曾在爱国将领卫立煌将军的军营担任武术总教官,是 20 世纪全国著名拳师,安徽省著名武术家。新中国成立后,牵头组建了安徽省武术队并担任总教练(退休后任合肥市武术队总教练),是当时带徒授艺影响较为深远的一代宗师,为安徽省培养了许多优秀的武术运动员。

一、文弱少年终成传人

余化龙出生于 1908 年,父亲是当地秀才。鉴于家道中落,又兼余化龙身体文弱,经常受到当地人的欺辱,所以父亲有意让儿子拜师习武,希望他日后能够自我保护。

余化龙 8 岁那年,机缘巧合遇到了河北沧州著名武术家吴良功,便拜师于吴良功门下学习拳术。据传吴良功武艺精湛,功夫超群,但因吴良功师父有重任在身,只教授余化龙三年时间。

这三年中,余化龙主要学习了少林派的查拳、华拳、梅花拳、炮拳和大小洪拳,并且在吴良功师父的指点下,练就了扎实的武术基本功。

临行前吴良功将余化龙托付给他的武林好友——九华山护院法师尚吉杰(法号宗德)。

余化龙跟随尚吉杰学习了十多年,主要练习刀枪剑棍、二节棍、三节棍、大刀、月牙铲等十八般兵器,其中他较擅长的器械套路有千堂刀、齐眉棍、四门棍、滚镗双刀、杨家枪、梨花枪、游龙剑等。尤其他的绳镖技艺已经练得出神入化,随心所欲,达到指哪打哪的境地。20 世纪 60 年代,余化龙晚年授徒时还能表演用绳镖射下夹在徒弟耳朵边的铜板。

余化龙的绳镖、滚镗双刀是当时安徽武坛乃至全国"一绝",至今仍为很多熟知余化龙的老年人所称道。

余化龙还学了行意八卦、曦扬掌、地躺拳等功夫,其间还习练梅花桩拳、"鬼推磨功"（即用浑身各处可随意打撞梅花桩的上乘金钟罩铁布衫功）和罡风掌（冬天凌晨四五点钟是一天中最为寒凉的时刻，罡风是道家称为天空极高处的风，每天这个时间段练习出来的掌力，叫罡风掌，比铁砂掌更厉害）。

尚吉杰师父带着余化龙在九华山十多年，每日除了打拳练功，还去山中采药，教他跌打损伤治疗之术，并时刻教育他本分为人，做忠义之士。后来，尚吉杰师父把最重要的阴阳双合拳传授给余化龙，选定他做阴阳双合拳第十四代传人。

◆阴阳双合拳第十四代传人余化龙

余化龙原名余文烈，跟随尚吉杰师父习武期间，师父为他改名余化龙，希望这条鱼（余）能够通过自己的努力，将来能幻化成上天入海的一条大龙。从此，余化龙的名字就伴其一生，沿用一生。

二、行走江湖抗日报国

余化龙拜别恩师离开九华山后，行走于江湖，以卖艺治病为生，游走全国，常年双腿绑九斤锡瓦两片，世称"锡瓦功"。

有一次，他在上海路见不平帮别人打擂台，对手精于鹰爪功，摆擂台于黄浦江边，余化龙上擂台应战，对手自恃鹰爪功厉害，疯狂进攻，余化龙的贴身羊皮袄被"鹰爪"只一招就轻松撕开，数招之后余化龙终于捕捉到战机，一记伏地扫腿将对手一腿扫断，跌入江中。

下擂台接受祝贺时，余化龙才发现原来上擂台前绑在腿上的锡瓦都没来得及拿下来。现在想来，当时几斤重的锡瓦带在腿上，他竟浑然不觉，可见余化龙当时的"锡瓦功"已经到了炉火纯青的境界。

一日，余化龙在洛阳街头卖艺，被国民党将领卫立煌将军看中，聘请他为军营教头，负责军营士兵的身体素质操练。

特别是抗日战争期间，由余化龙组织和训练出来的尖刀连，有张正河、张正义、樊家仓、许华田、金铁成等一群忠义热血青年，武艺高超，神出鬼没，经常悄悄摸进日本兵的炮楼里，暗中除掉了很多日本兵，一度令周边的日本兵胆战心寒。

1937年5月至1939年4月，在国共合作期间，国民党派出考察团到中共中央驻地延安考察，余化龙作为卫立煌将军的贴身保镖随团前往，受到了毛主席的亲切接见。受延安中央方面邀请，余化龙留任延安两年有余。

留任期间，他始终致力于教授广大延安军民武术和战场杀敌技巧，并在延安率先普及破锋八刀技术套路，训练出了一批能征善战的沙场悍将，受到了部队官兵的一致好评。他还利用训练之余，充分了解学习中共中央的抗战大略和基本国策，又受卫立煌将军的影响，在后来的抗日战争中，表现勇猛，尽心尽力，为抗日战争做了很多贡献。

◆1958年合肥市武术代表队参加安徽省武术评奖大会的留影
（余化龙，前排右二；徐淑贞，前排右一（中国武林百杰，曾任安徽省武术队总教练，晚年任合肥市武术协会主席）；唐璜，前排右三；徐仪贞，前排右四；贾福忍，前排右五）

新中国成立后，余化龙凭借自身的高超武艺，组建了安徽省第一支武术队并担任总教练。他在合肥期间收徒百余人，其中在武术界有一定影响力的徒弟有（注：

很多人名字可能音同字不同)：张正河、张正义、樊家仓、许华廷、金铁成、王传圆、余章秀(余化龙之女)、刘家才、孔祥和、王昌能、王庆福、刘炳祥、汪济银、姚德民、许国锋、余国海、赵永鲁、余文斗、刘定军、马德东、刘泽清、时效生、魏韦林、赵永升、詹恒田、项友山、牛建华、钱更生、周国庆、董德元、董永青、董家传、温耀忠、温耀良、温耀云、韩荣春等。

近代武术家王子平，人称"神力千斤王"，是余化龙的武林好友，下图是1963年83岁的王子平来合肥所赠余化龙的演武照片。

第三节　第十五代传人韩荣春传承和发扬阴阳双合拳之路

一、农家少年迷恋武术

1950年12月28日,新中国刚刚成立一年多,百业待兴,冬日里祥和的气氛中,人们安居乐业。安徽省合肥市蜀山区小庙镇小蜀山村一个农家小院传来一声响亮的婴儿啼哭,农民侯有本,在有了两个女儿后,现在又欣喜地迎来他的第一个儿子,喜不自禁! 妻子韩德珍是一位大家闺秀,颇通文墨,她给儿子取名韩荣春,期待欣欣向荣的春天到来,也期望儿子今后的生活一帆风顺,欣欣向荣。

小荣春在父母的呵护下健康愉快地成长,母亲颇通医道,经常带着他去野外采集草药,回来晾晒熬制,家里人的一些小毛病基本不用去医院。在母亲的熏陶下,韩荣春从小就对中草药有着天然的亲近感。

韩荣春的爷爷曾经是武术教练,父亲因此会一点拳脚功夫。8岁开始上学后,每天放学回来,父亲都会在忙完农活后教他一些踢腿、下腰等武术基本功。没想到他一接触武术便喜欢上了,不怕苦不怕累,小小年纪练得像模像样。

一晃小学毕业,父亲见小荣春像是块练武的料,于是打算对他进一步培养。因侯家与著名武师余化龙有一些渊源,父亲就想让韩荣春拜余化龙为师。

一天,父亲带着小荣春练完拳脚后,把他拉到一边,非常认真地问:"孩子,我认识一位练武的师父叫余化龙,他的功夫非常厉害,现居合肥,你想不想拜他为师,跟他学习武术?"

小荣春听后两眼放光,欣喜地说:"爸爸,我愿意,我愿意! 你快带我去拜师吧!"

父亲见他迫不及待的样子,摆摆手,严肃地问:"孩子,不要急,你先和我说说,你学武是为了什么?"稚气的小荣春挠挠头:"因为会武功很神气啊! 以后没人敢欺负我!"

父亲摇摇头,更加严肃了:"如果你学武是为了逞能、显摆,那还是不要学了。你爷爷曾告诉我:要找到对自己对他人都有益的用武之地,那才是习武之人的基本素质。"

当时小荣春歪着脑袋,仔细品味父亲的话中之意,似懂非懂,但他还是重重地点了点头:"爸爸,您刚刚说的话,我记住了!"

后来韩荣春才知道,抗战时期,余化龙师父带着一帮徒弟在合肥董铺水库附近打日本兵,端炮楼打窝点,神不知鬼不觉,搅得日本兵寝食不安。余师父当时经常借住在附近南岗镇韩荣春的爷爷家,因此与他父亲和叔伯结下了深厚友谊。新中国成立后,余化龙师父组建了安徽省第一支武术队,并担任队长。

二、拜师省城刻苦学艺

1962年秋天,父亲带着韩荣春来到合肥。第一次到省城,一切充满了新奇,在余化龙师父家里,他第一次吃到了苹果和香蕉,这让小小的韩荣春对未来充满了期待。余师父仔细端详他,见他虽然长得瘦小,却精神抖擞,利落有劲,特别是骨骼比例协调,非常适合练武,便爽快地答应:"这孩子我收下了。"当时小荣春非常激动地当场磕头拜师。

父亲把小荣春安置在合肥五里墩公社的二伯伯家,并千叮咛万嘱咐,让他一定好好习武,不要给家里人丢脸。在余化龙师父的推荐下,韩荣春正式成为合肥市体育学校的一名学员。从此以后,为了节省每趟5分钱的公交车费,他每天清晨5点起床,从五里墩跑步到合肥市体委,学完一天的功课,再跑步回五里墩的二伯家,风雨无阻。

由于韩荣春学习认真,训练刻苦,余化龙师父看在眼里,喜在心头。第二年冬天的一个傍晚,放学后,韩荣春正准备往回跑,被余化龙师父拉住了:"孩子,住师父家吧,你这样来回跑太辛苦了!"

余化龙师父家在当时合肥江淮大戏院对面的一个二层小楼里,离体校不远,楼下是余化龙师父自家的伤科诊所,楼上是住房。从那以后,韩荣春便吃住在余化龙师父家,一住就是四年。

师父见韩荣春不但训练认真,不怕苦不怕累,而且聪明伶俐,于是经常让他在药房帮忙抓药,这使他有了更多机会接触中草药,并对中草药的品类功效也有了更多的了解。师父晚上带着小荣春同床而眠,经常跟他聊一些过去的事和他对学习武术的心得体会。至今回想起师徒同住一室的日子,韩荣春心里仍然暖暖的。

三、德艺兼备终成传人

1967年，种种原因导致合肥市体育学校暂停了武术培训，韩荣春便回到合肥五里墩的二伯家，但每天还是坚持跑步去找余化龙师父学习，只是练习地点改在了合肥市著名的逍遥津公园。

这几年韩荣春跟着余化龙师父学习了长拳、短打、形意、八卦、查、华、炮、洪等拳术套路，学习了长、短、单、双、软、硬器械，以及散打、摔跤、擒拿、自由搏击、铁布衫、罡风掌等功夫。

这些年来，余化龙师父看到韩荣春练武勤奋，从不偷懒，而且喜欢琢磨感悟，悟性好进步快，在徒弟中出类拔萃，于是有心重点栽培。一天他对韩荣春说："你是我徒弟中最能吃苦耐劳又勤奋好学的一个，找时间我来教你滚躺双刀吧。"这天早上，韩荣春刚刚跟余化龙师父学习了滚躺双刀的起式，就被两个师兄看见了，这两个师兄嫉妒的表情溢于言表，韩荣春和师父都注意到了这点。事后韩荣春左思右想，为了不让师父为难，为了师兄弟们的团结，他主动找到师父要求放弃学习滚躺双刀，师父明白他的意思，也同意了他的提议。

有一天，吃完晚饭，师徒俩坐在一起聊天，余化龙师父对韩荣春说："我这里还有一套600年单传的独门拳术，叫阴阳双合拳，我一直在寻找一个吃苦耐劳、为人实在、德艺兼备的徒弟，作为这套拳法的第十五代继承人，如今通过长期的观察，我认为你就是不二人选。"

韩荣春当时瞪大了双眼，这些年，他和师兄弟们在一起，从没听师父说起过这套拳术，更没想到自己竟然能够有幸成为这套拳术的传承人，一种自豪而神圣的感觉在他年轻的心灵里油然而生。

从师父的娓娓描述中得知，"阴阳双合拳"是元末明初，杨家将后人杨艺宗师创建的一套拳法。此拳法将少林功夫与武当功夫合二为一，取二者之精华，刚柔并济。

"杨艺祖师当年学武时，他的师父就教导他，好男儿志在四方，要做对国家有益的事，他一直遵从这个师训，自己坚持这么做，并以此要求他的徒弟，一代代传承下来。"余化龙师父语重心长地说，"今后，我会把这套拳法毫无保留地教给你，我也希望你能够恪守祖训，将这套拳法用在有益于社会的地方，并使之发扬光大。"

韩荣春郑重地点了点头，感觉一份沉沉的责任压在肩头。

余化龙师父接着说："自古习武之人多多少少都懂一些医道，不仅可以治疗训练中的跌打损伤，而且还能够悬壶济世，保一方百姓健康。以后我会同时教你了解人体的经脉和骨骼结构，传授你一些中医疗伤的方法。"

自那以后，韩荣春开始跟着余化龙师父练习"阴阳双合拳"，正式成为"阴阳双合拳"第十五代传人，并同时学习中医知识，跟着师父问诊、帮忙配药抓药。8年中，韩荣春跟随师父在合肥走南闯北"跑码头"，在合肥的东、西、南、北门都开设过新武堂馆，韩荣春常常在新武馆代替师父教授新学员，在学与教的过程中，他的武艺日渐精进。"阴阳双合拳"招招式式都遵循牵拉拽引、螺旋缠绕、敲击振穴等功法，能促进五脏六腑、八脉十二经络气机良性循环，平衡阴阳，强身健体。这对于韩荣春来说，更是如虎添翼，身体素质越来越棒，功夫越来越纯熟。

一晃时间到了1972年，韩荣春已经是一个大小伙了，因家里缺少劳动力，便回到了家乡小庙镇，白天务农，晚上练武。遇到琢磨不透的地方，他就步行3小时去合肥向师父讨教，这样的日子一直持续了5年，直到师父去世。

四、创办武校弘扬武术

20世纪70年代，韩荣春在家里一边务农一边参加村里的宣传队，承担各种表演任务。渐渐地，知道他习武的人越来越多，经常是韩荣春走到哪里都会有人主动找上门要求同他"切磋"武艺。

韩荣春对武术有着特别的钟爱，平时也喜欢琢磨，并能结合日常实践，总结提炼了不少实用的拳法招式和实战技巧。

80年代，随着武打影视的兴起，全国上下掀起了学习武术的热潮。附近的很多年轻人要拜韩荣春为师，于是他在肥西县小庙镇免费办了一个武术培训班，吸引了不少年轻人前来学习。那时候，人们称他"蜀山奇侠"。

1990年6月1日，在肥西县体委的建议和家人支持下，韩荣春创办的"肥西县精武学校"正式获批并开业，当天就招收学员70多人。学校开设散打班、套路班、摔打班，韩荣春和大儿子侯克嵩、二儿子韩晓昌当武术教练，妻子周本芝负责后勤保障。就这样，全家人总动员，齐心协力，武校办得红红火火，给周边孩子提供了正规武术训练，极大地提高了他们的身体素质。韩荣春还曾任肥西县武术协会的副主席。

1995年夏，解放军电子工程学院（现国防科技大学电子对抗学院）来肥西县选拔人才，看中了韩荣春的二儿子韩晓昌。同年，大儿子侯克嵩参加全国武术大赛，以一套"地趟拳"获得全国第一名的好成绩，第二年侯克嵩被安徽师范大学武术系录取。

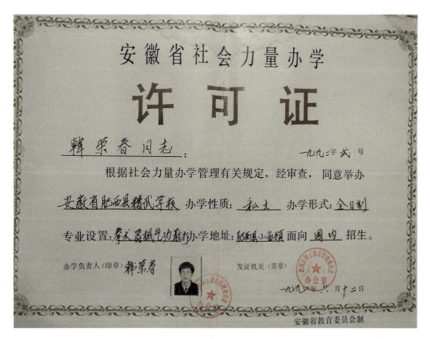

◆安徽省肥西县精武学校办学许可证

◆韩荣春任肥西县武术协会副主席的证书

2000年6月韩荣春被评为"省一级武术师",1997年3月韩荣春被评为安徽省"十佳拳师"。

◆安徽省一级武术师证书

◆韩荣春被评为安徽省"十佳拳师"称号奖状

1997年初,肥西县教委建议韩荣春在武校开设文化课,以便为社会培养全面发展的人才。

两个儿子上大学之后,韩荣春一个人支撑武校已感力不从心,现在再开设文化课,其中困难难以想象。但韩荣春一生对武术痴迷,弘扬武术的责任感与成就感无论如何也不能舍弃。经过一段时间的思考斟酌,他决定对外融资。之后相继有五位投资人入股,注入资金400余万元。经历重重困难,备齐各项手续,开工建设。武校在原校址盖起了4栋楼房作为文化课教室、办公室和学生宿舍,随后招聘了30多名文化课教师和4名武术教师。2001年9月1日,"南北少林文武学校"在肥西县小庙镇正式挂牌,最多一期招了500多名学员。

◆肥西南北少林文武学校校址

创办武校期间,总计培养文武学生近万人,为企事业单位、部队、体育院校输送了大量人才,在安徽省乃至全国武术界均有一定的影响力。

◆2002年韩荣春荣获"一级武术师"称号的证书

◆2012年，韩荣春荣获"太极拳名师"称号的证书

◆2012年，韩荣春在中华艺术环球武术交流比赛中获"男子中老年拳术D组第一名"的证书

◆教学练习留影(1)

◆教学练习留影(2)

◆教学练习留影(3)

◆教学练习留影(4)

◆教学练习留影(5)

五、申报非遗传承文化

2013年秋的一天，韩荣春接到肥东县洪拳后人为申报洪拳为合肥市非物质文化遗产成功，邀请他一同庆祝的请帖。

在庆祝现场，韩荣春好奇地询问了关于申报非物质文化遗产的有关情况，想到余化龙师父传授的阴阳双合拳，世代单传到他已是第十五代，是不是也可以申报呢？

最近一些年，鉴于韩荣春出色的武艺和武德，先后被相关单位授予"安徽省十佳拳师""安徽省荣誉武术师""一级武术师"等荣誉称号，当地人称他为"蜀山奇侠"，但在这些荣誉面前，他总觉得还缺了点儿什么。如今才恍然大悟，由于种种原因，几个孩子虽然都习武，但是都没有学习阴阳双合拳，而且他至今也没有收徒传授过阴阳双合拳。这其实是韩荣春心中的一个结，一直沉重地挂在他的心间。

今天他终于看到曙光，觉得自己一定要努力为这套拳法申报非物质文化遗产，而且更有责任将其传承发扬下去，让阴阳双合拳的强身功效造福全社会、惠及更多人！

韩荣春再次找到了奋斗目标，一遍遍打听和了解相关政策，组织相关材料。但是阴阳双合拳一直是世代单传，其内容都是一代代师父口头传授的，有一些还是师父无意中聊天说起的，如今却要让他以文字的形式呈现出来，对于一辈子从事武术行业的韩荣春而言，真是比登天还难！

"精感石没羽，岂云惮险艰"。韩荣春开始向孩子们学习拼音打字，一点一点回忆，一个字一个字地敲打，时不时查找字典，把脑海里有关阴阳双合拳的点点滴滴都搜寻记录下来。2014年5月，在庐阳区、蜀山区和合肥市文化馆非遗办公室的指导和帮助下，终于成功申报了合肥市第五批非物质文化遗产。因为韩荣春是申报人，所以被命名为"韩氏阴阳双合拳"。

有了第一次的申报经验，韩荣春又不断完善和补充材料，于2017年5月将"韩氏阴阳双合拳"成功申报了安徽省第五批非物质文化遗产。

六、老骥伏枥回馈社会

"老牛亦解韶光贵，不待扬鞭自奋蹄。"自从决定将阴阳双合拳申报非物质文化

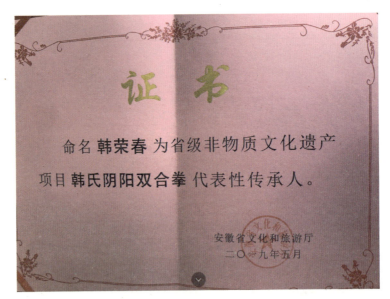

◆安徽省文旅厅认证韩荣春为"韩氏阴阳双合拳"代表性传承人的证书

遗产,64岁的韩荣春便再次开始收徒,公开教授阴阳双合拳。期间,他克服没有场地、没有资金等重重困难,免费教学,并带领徒弟们积极参加市、区级主办的各项公益活动,抓住各种机会宣传阴阳双合拳,希望将一脉单传的阴阳双合拳,引荐给更多的人。

◆"非遗"进庙会:2018年2月24日在合肥市城隍庙演出合影
(表演者:韩笑然、高长胜、周本芝、陈厚林、马自芳)

◆"非遗"进社区：2018年4月7日六安万科开业仪式表演合影
（表演者：陈文凤、陈厚林、周本芝、马自芳）

◆"非遗"进校园：2018年6月9日在合肥市中加学校表演
（表演者：周本芝、陈文凤、韩荣春）

◆"非遗"进书院:2018年9月23日华藏书院中秋晚会留影
（表演者：周本芝）

◆"非遗"进社区:2019年5月17日参加蜀山区太极拳比赛赛前展演留影
（表演者：周本芝、陈文凤、韩德贵、陈厚林、马自芳、余年琴）

◆"非遗"进校园:2019年10月20日,非遗文化进校园活动之蜀山区小庙中学留影(教学者:韩荣春、侯克嵩)

◆"非遗"进庙会:2019年2月16日,参加合肥市第二十五届新春文化庙会留影
(表演者:陈文凤)

◆"非遗"进学会:2019年12月30日,合肥市演讲与口才学会年会表演留影(表演者:余年琴)

◆"非遗"进书院:2019年12月31日大宝佛寺华藏书院新春联谊会展演留影(表演者:朱新龙)

2020年,全球"新冠"疫情肆虐,人们的生命受到病毒的冲击,全中国在年初也因为疫情而按下暂停键。从医生到专家,都认为除了疫苗,提高自身免疫力是应对病毒最有效的方法。

韩荣春深知阴阳双合拳对于提高身体机能,提高免疫力的作用,急切地希望能够更有效地推广发扬阴阳双合拳,让它为更多人服务。于是,在合肥市蜀山区小庙文化站的支持下,"阴阳双合拳"俱乐部于2021年1月14日正式挂牌成立!

◆"阴阳双合拳"俱乐部揭牌仪式留影(1)

2021年是伟大的中国共产党成立100周年,阴阳双合拳人怀着对祖国对党无比的感激之情,于2021年6月21日在合肥市蜀山区小庙文化站举办了热烈的庆祝活动。

时逢盛世,不负盛世。感恩伟大的时代,赋予了阴阳双合拳人发扬阴阳双合拳文化的机遇,推动了阴阳双合拳的健康发展。

◆"阴阳双合拳"俱乐部揭牌仪式留影(2)

◆"阴阳双合拳"俱乐部揭牌仪式留影(3)

◆2021年6月21日庆祝中国共产党成立100周年活动留影(1)
（表演者：阴阳双合拳第十六代传人周本芝、陈文凤、马自芳）

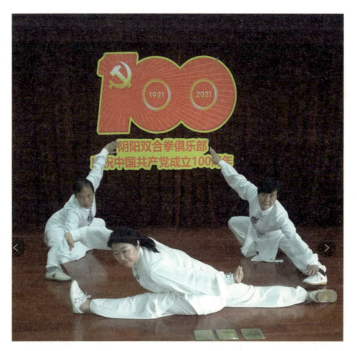

◆2021年6月21日庆祝中国共产党成立100周年活动留影(2)
（表演者：阴阳双合拳第十六代传人周本芝、陈文凤、余年琴）

第二章 阴阳双合拳概述

第一节　何为阴阳双合拳？

阴阳双合拳是祖师杨艺毕生练习钻研少林和武当功夫后，融合二者之长创建的一套适合强身健体的拳术，其运用内外家功夫的阴阳之长，结合中医脏腑脉络的阴阳学说，把它们巧妙地融入拳术运动之中，是武术运动阴阳与中医学脉络阴阳相交融而产生的拳术，故命名"阴阳双合拳"。

天地万物皆有阴阳之分，任何事物皆有阴阳属性，如天为阳，地为阴；火为阳，水为阴；男为阳，女为阴；刚猛为阳，柔软为阴；向外为阳，向内为阴；表为阳，里为阴；光为阳，暗为阴；动为阳，静为阴；气为阳，血为阴。

阴阳是相互对立又相互统一的。阴阳的相互对立表现在它们之间互相制约、互相消长。阴阳的相互统一表现在它们是互根互用、相互依存的。阴生存于阳，阳依存于阴。"阴在内，阳之守也；阳在外，阴之使也。"阴阳在人体之中，滋阴生阳，是动力，是热能量，阴无阳，是静止的，是没有活力的物体，阳无阴，也无处依存生长。例如，一锅冷水是个不动的物体，自然属阴，通过加火加热烧煮（火是阳，水是阴），水活了，沸腾起来成为动力，而火没有水是不能产生气体动力的，所以阴阳是对立统一互生的。人体也一样，有了阳气温暖才会热血沸腾，才能充满活力，所以历代医家武术家都以补气为中心思想，因为有了阳气，血自然生长，阳气是人生命中的重中之重。

在阴阳双合拳中的阴阳，泛指人体中的动静阴阳、气血阴阳、脏腑脉络阴阳和人体的表里阴阳等。阴阳学说在中医学理念运用中，用来说明人体的组织结构，说明人体的生理功能，说明人体的病理变化，为人体疾病诊断与治疗提供依据。中医学根据人体的脏腑奇经八脉、十二经络气血走向位置划分阴阳，脏属阴，腑属阳，因为脏在人体功能中，主藏，五脏都属于阴，都主藏。藏是静，静属阴，中医认为，心藏神，肺藏魄，肝藏魂，脾藏意，肾藏志。六腑主疏，疏是动，属阳，如大肠、小肠、胃、胆、膀胱、三焦等都需要疏通。人体之气分为两大项，一是肺部呼吸之气，生命之气，二是运行在脏腑脉络筋骨肌肤之中，无处不到之气，营气和元气。中医认为，气行而生血，血行而气增。

阴阳双合拳就是运用武术内外家功夫之长的运动阴阳与中医的脏腑脉络阴

阳,巧妙融合了肢体的"手眼身法步",协调运动练习,实现了运营气、融宗气、补元气、固卫气、养阴气、壮阳气、升清气、降浊气、强精气、增神气、纳中气、去戾气、化正气,一身正气则百病不侵,这些气机流畅运行在脏腑脉络、三焦和筋骨肌肤之中,保证了阴阳平衡,实现了"痛则不通,通则不痛""流水不腐,户枢不蠹"的运动医学理念。中华武学阴阳与中医学脉络阴阳成功的结合,因此有了阴阳双合拳的诞生。

第二节　阴阳双合拳功夫特色与强身作用

阴阳双合拳功夫把内外家功夫的基本要领与特色强身作用全面融入拳术运动之中,"手眼身法步,精神气力功"的功夫要求体现在劲力结构和运动节奏中,在阴阳双合拳运动中要求练习者做到"心意六合",六合分别为内、外三合,内三合是"心与意合、意与气合、气与力合",外三合是"手与足合、肩与胯合、肘与膝合"。内三合,是在练拳过程中,要以意导气,以气合力,运行于手足相合、肩胯相合、肘膝相合的协调和劲力,意气神形要虚灵顶劲,含胸拔背,沉肩坠肘,尾闾中正,以腰为轴伸展开合等。

阴阳双合拳运动,对练习者"手眼身法步,精神气力功"的练习要求和动作变化,要以十二形象为对照,以形喻势,争取做到:动如涛,静如岳,起如猿,落如鹤,站如松,立如鸡,转如轮,折如弓,轻如叶,重如铁,缓如鹰,快如风。在拳术基本要素中,融入了阴阳双合拳中的特色功夫动作,运用牵拉拽引、螺旋缠绕、牛蹄羊脚、敲击震穴等,完善了"内练心意灵感气,外练神韵筋骨皮"。这里强调的是"灵感和神韵",此处的心意灵感气是指练拳过程中运行于人体脉络、血液、肌肤、脏腑和意识中无处不在之气机,类似于文人所形容的意气风发、凌厉气质、胆气、魄气等,而不仅仅是通常意义上"内练一口气"的肺部呼吸之气。手腿拳脚出击时本能呼气,收回时本能吸气,这就是肺部的自然呼吸。练拳时不憋气不闷气,肢体关节肌肉和心态都处于自然放松状态,再配合"手眼身法步"有意识地调动运行周身灵感之气,提高脏腑经络、神韵情感的活力节奏,有效促进气血循环,增强免疫力,实现人体阴阳平衡。

阴阳双合拳中的牵拉拽引、螺旋缠绕、牛蹄羊脚、敲击震穴与中医脏腑阴阳、脉络气血阴阳强身健体理念相呼应。对于阴阳双合拳中的特色强身动作,在此举几个典型的例子。

1. "缠六筋"

为了起到强身作用,它的出拳并非普通拳术的出拳,而是缠绕出拳,拽引手上阴阳六筋来促进相关脏腑经络的疏通和气血循环,调节阴阳平衡,促进三阴三阳脏腑的表里协调,达到消化快、吸收高、神志明、气魄增、宣肺养心的效果,使三焦气机良性循环时,可防治颈椎病、心脑血管病、上肢痹痛麻木等;同时起到强壮脏腑脉络,加快气血生长,提高脉络的柔韧性,丰富肌肤纤维弹性,强壮筋骨的作用,从而达到延缓衰老的功效。

缠绕手上阴阳六筋分别是:手太阴肺经、手厥阴心包经、手少阴心经、手太阳小肠经、手阳明大肠经、手少阳三焦经,这六筋的阴阳互生和表里关系则是:肺以大肠为表里关系,心以小肠为表里关系,心包以三焦为表里关系。脏腑的阴阳配伍关系是互相制约、统一互生的,阴出现问题必然要牵连阳,也就是脏牵累了腑的病变与健康问题,就像男女夫妻一样,一方出现问题,必然会牵连到另一方,一荣俱荣一损俱损,正所谓:"家庭阴阳不平衡,吵闹不安宁,身体阴阳不平衡,疾病找上门"。

2. "左右背纤"

这个动作运用了牛蹄羊脚、牵拉拽引、螺旋缠绕,融入"手眼身法步,精神气力功"的运动之中,牵动周身奇经八脉,十二经络,促进相应的脏腑经络的气血循环,提高了脉络的柔韧度和筋骨肌肤纤维的力度,实现各路气机良性循环,得到阴阳平衡,提高免疫力,减缓病症,收获健康。

"左右背纤"牵拉了八脉十二经,八脉为前胸任脉、后背督脉、小腹冲脉、腰间带脉、阴跷脉、阳跷脉、阴维脉、阳维脉,十二经有手六筋(前文已介绍)和足六筋,足太阴脾经、足厥阴肝经、足少阴肾经、足太阳膀胱经、足阳明胃经、足少阳胆经,这六筋的表里关系分别为:脾与胃为表里、肝与胆为表里、肾与膀胱为表里,通过拳中的特色运动调整了脉络脏腑的血液循环,促进阴阳平衡,保证身体的气血不耗反增。

中医学认为,气不耗归肝为血,血不耗归肾为精,精不耗归骨为髓,髓不耗归脑为寿,精髓由气血而生,所以中医学把人体变化强弱都用"气"字来表达,如人的气色好坏,元气足衰,描述青年人可以称其血气方刚、有气魄、有胆气等。

3. "击海关"

"海"是气海穴,"关"是关元穴,此二穴的气机盛衰关系到人体健康及寿命之短长。气海穴乃人体真气生发之源,号称性命之祖。练习此式能够全面调节人体气机,化为正气,升清降浊,滋阴壮阳,消脂肪祛赘肥,防治便秘、遗尿、遗精、阳痿早泄,女子月经不调痛经闭经等。关元穴,关乃藏之意,元乃本之意,故名关元穴,也称丹田穴,此穴男藏精女蓄血,是人身之关要,真元之所存。敲击此穴能增长真元精气,调节阴阳平衡,提高免疫力,防治小便频数、脱肛、消化不良、女子月经不调、崩漏、带下异味、痛经等。练习此式时一掌拍击两穴,能有效提高气海穴和关元穴的气机运化能力,促使人体阴阳平衡一身正气,百病不侵。

4. "震膻中"

这个动作能解气淤、舒心情、振奋精神、防治胸闷气喘、胸痛心悸、呃逆、噎嗝等。

5."双击风中"

"风"是风市穴，"中"是中渎穴，是足少阳胆经上的两个重要穴位，练习此式击拍此二穴能够祛除外感六淫之气，阻止内生五邪之魔，预防中风瘫痪、腰腿痹痛，治口苦头疼，长吁短叹，面色灰暗，可以促进胆汁分泌，助消化，促吸收，容纳宗气，增强胆气。胆气旺盛，则大脑清灵，办事果断，有胆有识。

阴阳双合拳七十七势运动中无不体现着阴阳变换、牵拉缠绕经络，调节气机的结构与节奏。练习好阴阳双合拳，能够有效调节脏腑脉络的气血循环，促进流畅运行，实现身体阴阳平衡，培元正本。

此外，套路中特色动作的多次重复，是为了强化动作对人体脏腑脉络的正向刺激唤醒作用，更好地实现阴阳平衡，增强练习效果。

第三节　阴阳双合拳运动与搏击的关系

阴阳双合拳的特色强身动作对搏击也有着锦上添花的作用,例如拳中的"缠六筋",看上去与搏击毫无关系,一般不为武术爱好者所重视,其实这个"缠六筋"的动作,既能强身又有搏击作用。长期练习这个动作能够强壮手臂筋骨,提高经络肌肤纤维的柔韧性与劲力的统一协调性,增强手腕翻转速度与拧旋的技术劲力,造就抓打擒拿所需要的手腕技术力量。武术中需要练习常人不用的上下三路,上三路为腕、肘、肩,下三路为胯、膝、脚腕,武术中所有的进攻与防守都离不开这六路与腰的协调配伍去完成,所以我们常说"练武不练腰,到老艺不高","低头猫腰,学艺不高",这说明腰在搏击中的重要性。腰的举动代表身法,阴阳双合拳要求练习者重视"手眼身法步,精神气力功"的协调一致,尽量与"四击八法十二形"的神韵劲力靠拢,体现出刚柔并济、变换自如、轻灵沉稳的搏击要领。

阴阳双合拳有第二路单势对练组合拳名,为"小解拳",专门练习解脱对手的攻击与反攻击,在攻击与化解攻击中手腕劲力和技术尤为重要。而阴阳双合拳中特色强身动作"左右背纤",表象圆滑、柔绵、活泼,内含牵引周身上下气机运行暗沉涌动,这种劲力在武术中称为暗劲,动作中的抓拿,出招内含缠绕拽引,要求力贯指尖,沉劲运用牛蹄羊脚蹬转扎地,震脚侧蹬等都展现了劲力和攻击作用的练习。

阴阳双合拳始终注重的是劲力与灵活协调性的培养,在搏击中,肢体的上、下、左、右协调是成败的关键。搏击有了协调性,才能有手、眼、身、腿、足的自如结合和灵敏反应,称为应变能力。熟练地协调成就速度,速度就是力量,速度越高,劲力越强,应变能力越好。不协调时速度肯定就慢,速度慢应变能力自然也差,很难抓住稍纵即逝的战机。一名搏击高手必须具备的就是练好手眼身法步的协调,造就出的良好的精神和速度、劲力和技术叫做功力。所以我们常说"手眼身法步,精神气力功"。有武谚"力不打巧,巧不打功",充分说明练习提高功力的重要性。

那何为力?人体与生俱来的力气叫力,在没有通过技术训练过的情况下,原本自身的力气运用在搏击对抗中是笨拙的,是没有机会施展的,这就是力。那何为巧?人体通过训练所获得的筋骨肌肤纤维的柔韧力量、爆发力量、灵活的速度力量、协调配伍技术力量和久炼成钢的强硬抗击打力量、久练所得到的耐受持久力量和熟练产生的应变能力以及抓住战机的快速反应能力，集于一身上下协调，运用自如，称为巧，巧的力量称为劲。那何为功？功就是巧所拥有的上述一切技能全面具备，并且把巧的各项技能都练就提高几层台阶成为功。武谚常说，"练武三年为巧，六年为成功，十年为功成"，这也是人们常说的"功成名就"的来源。武谚中常说"练武不练功，到老一场空"，这就是说，我们练武之人要静心修炼完善成功，不要半途而废。我们武术所说的功有两种，一种是指在武技中某个方面如抗击打或柔韧性等方面达到功的境界，叫专功；另一种是指对搏击运动必须具备的全面技能都达到功的境界，称为高手。阴阳双合拳练就了搏击所需要的力量和应变素质，因此具有非常理想的搏击作用。

第四节　阴阳双合拳运动结构的合理性

运动有益健康，这已经是大家的共识。但这个运动是指合理有度的运动，只有运动合理有度，才能有效地促进人体气机运化，经络畅通，气血互生，实现阴阳平衡，从而增强免疫力，自然能有益健康。而过度的运动、不合理的运动不但不能使人体健康，反而会损害健康，甚至严重的会导致折寿。因为不合理的或是过度的运动会损伤人体气机和肢体经络，违背人体气血运行基本规律。

这里所说的运动合理有度分为很多种情况，需要根据以下情况区别对待：① 年龄；② 身体状况；③ 季节气候；④ 运动时间；⑤ 运动强度等，这些都需要严格做到因人而异、因时而异，若完全照搬别人的运动方式，草率违背这些原则，不但不能得到健身效果，反而会损伤自身健康，得不偿失。热身运动没有达到一定的柔韧程度，而使用爆发劲力，最容易伤及元气，损伤动脉血管等。

运动健身理念是运动哪里，人体的营养就会流注哪里，哪里就会生肌强壮，这本是好事，但如果训练强度过量了，肌肉会变得更坚硬。人体肌肉的硬度越强，其气血循环空间会相对越小，因此过分坚硬的肌肉会对气血循环造成不利影响。而强壮的肌肉需求的营养也更多，且会消耗大量的脂肪精液，势必会影响人体内脏的营养供给，造成脏腑气血精液失衡，心脑血管老化。就如机器齿轮和轴承缺少机油润滑，损伤内部发动机一样，这种过度训练看上去很强壮，实际上外强中干，很容易出现短时晕厥甚至猝死等风险。

阴阳双合拳的动作组织结构合理，柔韧绵缓，舒展大方，刚柔并济，快慢相兼。外练神韵筋骨皮，内练心意灵感气，牵拉拽引，敲击振穴，合理有度，顺应人体结构，不违背中医原理，因人而异，顺应自然地发挥脏腑脉络的阴阳运化本能，得到人体的表里合一、阴阳互生。这是一套适合全年龄段人群练习，从而达到强身健体功效的拳术。年轻人可以练得快猛阳刚，老年人则可适当绵缓阴柔。拳术中多次动作重复也能够进一步提高其强身健体功能。

阴阳双合拳的最佳练习时间是上午9—11点，此时是足太阴脾经当令，这个时间段练习，可促进脾脏运化吸收，滋阴壮阳，融宗气，补元气，强精气，增神气，畅通气机。此时也是一天中人的大脑接受力最强的时候，一年中二十四节气对应一天二十四小时的 9—11 点，即立夏(9 点)、小满(10 点)、芒种(11 点)，此刻就像立夏小满芒种时那样气候宜人，是巳时，属相为蛇，蛇在此时也是一天中最为活跃的时候。此时练习也不易因热身不当而受损伤，因此选择上午 9—11 点练习阴阳双合拳强身效果最佳。

如果上午没有时间，那么下午练习的最佳时间是 15—17 点申时，这是一天中第二个学习的黄金时段。此时是足太阳膀胱经当令，这个时间段练习，可促进膀胱经运化与吸收，能起到更好的疏导排毒养颜功效。膀胱经是一条路线最长、穴位最多且直通脑部的经脉，申时练习阴阳双合拳，人体气血最为活跃时段容易上疏于脑部，达到明神健脑之功效。膀胱为州都之官，乃人体之水府，负责收藏人体水液精华循环往复，并将多余部分以及火热毒素排出体外。膀胱出现问题的首要反应是后头痛、脖子僵硬、腰酸背痛腿抽筋，容易患痔疮等疾病。此时对应一年中二十四节气的立秋(15 点)、处暑(16 点)、白露(17 点)，是秋高气爽的时节，也是大脑一天中下午接受力最强的时间段。此时是申时，属相为猴，猴子是动物中最为活跃的，膀胱经也属猴，若能在申时进行活跃运动，牵拉拽引，每天只需练功一次即可达到更好的强身功效。

如果作为搏击功夫练习，最好选择凌晨 3—5 点(寅时)，此时天空有罡风之气。所谓罡风，是指寅时的风是一天中最为寒凉的风，寅时也是一天中氧气最为稀薄之时，此时练功能事半功倍，能够快速增长功力，增强劲力。余化龙师父的罡风掌就是在这个时间段练就的。据余化龙师父说，他的罡风掌就是每天寅时用掌用爆发劲力快速劈扫撩击罡风，练完后用中药洗手。罡风功需要千日之内不间断连续练习，"百日见功，千日功成"。此功练成后可用手指戳断三厘米厚度的木板，手掌能斩砖切石，击人则伤筋动骨。想要练成此功法，最辛苦的就是时间段难以坚持，特别是青少年很容易一觉睡过了时间。而此功法也只有青少年才可以练成，因为青少年体内阳元真气充足，精气神饱满，能够抵御罡风对人体的侵害，收获练功之利。前面讲过百病风为首，风能生寒，寒能生湿，湿能生瘀痰等。已婚青年要想练习罡风掌，必须与妻子分房千日方能成功。

而阴阳双合拳要求练习者牵拉有度，拽引有方，敲击有法，震穴有据，无论男女老少，只要认真练习，都可以促进身体气血畅通，调节阴阳平衡，从而达到强身健体之功效。

第五节　阴阳双合拳练习歌谣

为了方便练习者记忆该套拳的动作,我们编写了以下歌谣:

心意神韵双合拳,收获功效甜绵绵。
牵拉拽引筋柔韧,疏肝利胆气血行。
阴阳气机阳为首,阴阳互生促平衡。
螺旋缠绕缠六筋,养心润肺三焦循。
金鸡独立雁嘴手,牵醒膏肓祛疾根。
鸿雁展翅独立稳,通畅八脉又舒筋。
敲击气海关元穴,二穴运行真气生。
击拍风中胆经络,运化分泌胆气增。
脾胃喜阳肺喜阴,阴属津液阳属温。
拽引气机阴阳通,左右背纤显神功。
安舒踏走逍遥步,强精化髓肾气补。
舒展跳跃膻中震,解气化瘀奋精神。
练得心阳全身运,引火归元强肾精。
十二经络阴阳配,表里合一无疾生。
刚柔并济皆有度,手眼身法步自然。
内练心意灵感气,外练神韵筋骨皮。
掌握阴阳双合拳,精神饱满度百年。

完整的阴阳双合拳练习拳法可扫描下方二维码进行观看,各式的动作详解见下文。

第二章 阴阳双合拳动作详解

动作预备

一 虚灵顶劲

虚灵顶劲即"顶头悬",练拳时讲究头部的头正、顶平、项直、颌收,要求头顶的百会穴处要向上轻轻顶起,同时又需保持头顶的平正。要使头正、顶平,就必须使颈项竖直,下颌里收。顶劲不可过分用力,要有自然虚灵之意,做到虚灵顶劲,精神才提得起来,动作才能沉稳扎实。

二 含胸拔背

含胸是胸廓略向内涵虚,使胸部有舒宽的感觉,这样有利于做好腹式呼吸,能使肩关节放松、两肩微含、两肋微敛的姿势下,通过动作使胸腔上下径放长,横膈有下降舒展的机会。它既能使重心下降,又能使肺脏、横膈活动加强。拔背与含胸是相互联系的,要含胸势必拔背。拔背是在胸略向内含虚时背部肌肉向下松沉,两肩中间颈下的第三脊骨鼓起上提并略向后上方拉起,不能单纯地往后拉。这样背部肌肉就会有一定的张、弹力,皮肤有绷紧的感觉。含胸拔背,胸背肌肉需松沉,不能故意做作。

三 意在关元

关元俗称丹田,即气沉丹田之意。气沉丹田,是身法端正,宽胸实腹,"注意丹田",有意引导呼吸,将气徐徐送到腹部脐下。用腹式呼吸来加深气息的深长,应自然匀细,徐徐吞吐,要与动作自然配合,不能用强制的方法。要求整套动作都要与一呼一吸,结合得非常密切,应根据动作的开合、屈伸、起落、进退、虚实等变化自然地去配合。一般来说,呼吸总是与胸廓的张缩、肩夹的活动自然结合着。在一个动作里往往伴随着一呼一吸,而不是一个动作固定为一息或是一呼,这种与动作自然配合的方法运用得当,可以使动作更加协调,圆活、轻灵、沉稳。初学者以自然呼吸为宜。

四 沉肩坠肘

两臂由于肩、肘的下坠,会有一种沉重的内劲感觉,这就是上肢内在的遒劲。两肩除沉之外,还要有一些微向前合抱的意思,这能使胸部完全涵虚,使脊背团成圆形,两肘下坠之外,也要有一些微向里的裹劲。这样的沉肩坠肘,才能够使劲力贯串到上肢手臂。

五 尾闾中正

尾闾中正是指有意识的使尾椎向内、向下垂,保持中正状态。通俗的说就是臀部不可向后撅起,应保持向内收敛,也就是"敛臀提肛"。

动作要领

① 身体放松直立，目视前方，双脚并拢，重心在两脚掌心，两臂自然下垂，两掌心朝内，五指自然伸直（图1-1）。要立身中正，不偏不倚，不俯不仰。

② 轻提左腿，脚尖贴地划横线开步与肩同宽（图1-2），随即脚跟缓缓落地，重心在右脚（图1-3）。

· 图1-1 ·

· 图1-2 ·

· 图1-3 ·

③ 重心向左移动到身体正中，两脚均等受力，两手从大腿两侧缓移至大腿前侧（图1-4）。

④ 两臂缓缓向前向上提至与肩平，同肩宽，两掌心朝下（图1-5、图1-6）。

⑤ 两手臂微曲内旋，意在掌刃，两掌跟缓缓向外分开至侧平举，双掌指尖转至向上成为立掌，掌跟坐腕沉劲，力贯指尖，定式三秒，此为暗劲（图1-7、图1-8）。

· 图 1-4 ·　　　　　· 图 1-5 ·　　　　　· 图 1-6 ·

· 图 1-7 ·　　　　　　　　· 图 1-8 ·

⑥ 双掌放松,变立掌为平掌,双手经由身体两侧向下缓缓搂抱至关元穴位置,两指尖相对,意在指尖(图1-9)。

⑦ 双掌上托至神阙穴位置,在上托过程中两手指尖有对拉外分感觉,再翻掌

下按至关元穴位置(图1-10)。

⑧ 双掌外旋并再次翻掌成搂抱势,掌心向上,掌指相对(图1-11)。整个过程目视前方。

· 图 1-9 ·　　　　　　　· 图 1-10 ·　　　　　　　· 图 1-11 ·

强身作用

起式要求练习者做到虚灵顶劲,意守关元,入静调节气机,排除杂念。人在安静平和、无欲无求的精神状态下,能净化气机,修复虚损,自愈病邪。中医认为良好的情绪、平静的心态是最好的治病良方。

搏击作用

起式的搏击作用在于感受运动中的意与气合,以意导气。如双手上抬与肩平至下按过程中,意与气的变化是上抬时意在指尖,下按时意在掌根,双掌外分时,意在掌刃,意与气随之变化过程中,有增长人体气机劲道、意气灵感、肢体柔韧性与活跃性。这些都对提高搏击技术的踢、打、摔、拿有着根本的辅助作用。

第二式　雁嘴手右金鸡独立

动作要领

双掌顺势从身体两侧划弧线缓缓上举至头顶，双手腕背相对，手型呈雁嘴式，同时提左腿金鸡右独立，膝盖尽力提高，脚尖绷直，两手腕用力外勾，双臂尽力伸直（图 2-1）。

· 图 2-1 ·

强身作用

练习此式能够提肾气交心气，引火归元，滋心养肝，增强肺活量，并有牵拉拽引人体的奇经八脉，得到八脉十二经络的伸展绵长，提高脉络的柔韧性，软化血管，疏通气机，促进气血循环，实现五脏六腑（心、肝、脾、肺、肾、小肠、胆、胃、大肠、三焦阴阳平衡表里合一。

长期练习此式可防治心脑血管疾病、颈椎病、高血糖、高血脂、高血压、腰椎间盘突出，因六淫（风、寒、湿、火、热、暑）所产生的关节疼痛酸胀、麻痹经挛、屈伸不利等种种不适。

在强身的角度上中医认为，练到筋长一寸，收获健康十分，人有柔韧绵长的经络则可自愈疾病而寿长。

搏击作用

此式的雁嘴手，练出了手指的抓拿劲力和手腕的勾挂拧拿劲力，这一点在擒拿与反擒拿搏斗中作用显著，可以刁拿对手和啄击对手眼耳鼻喉等面部穴位；同时还造就双臂的直劲和收放伸弹劲力。金鸡独立练习增强单腿站立的稳固力量和提膝的攻击力量。

第三式 鸿雁展翅

动作要领

① 双手放松变掌，双臂从头顶缓慢经两侧打开与肩平，立掌停顿三秒，意在指尖（图3-1）。

② 双手立掌放松为平掌，双臂微上提至略高于头顶，手腕下勾，再经身体两侧向下按，此时意在腕根，搂抱至双胯平环跳穴位置，再沿原路线返回至略高于头顶处（图3-2～图3-4）。

如此反复三次。注意手形上提时指尖向下，下按时指尖向上，肩、肘、腕随着手臂的上下煽动而协调动作。

· 图 3-1 ·　　　　　　　　　　　· 图 3-2 ·

③ 在最后一次双臂由上而下时，双手搂抱于腹部，双掌根相合，右手在上指尖向前，左手在下，指尖向下，同时左腿向正左方（正东方向）擦脚触地蹬出，擦脚时脚尖对着正前方，脚跟内侧贴地，向左擦地至右腿成顺弓步状，右膝弯曲90°（图3-5）。

· 图 3-3 ·　　　　　　　　　· 图 3-4 ·

· 图 3-5 ·

身体端正不前倾,保持虚灵顶劲,尾闾中正,臀部内敛,眼睛直视正左方向。

④ 左手腕内旋,双掌根相对向左前上方掤举至高出头顶,掤举过程中右掌缓慢外旋至双掌心朝内,双臂呈圆弧形,同时拧腰左转,呈左弓步(图3-6)。

眼神始终跟随左手转动,这里需要做到手眼身法步,全身协调配伍,一气呵成,做到一动无有不动,一静无有不静。

⑤ 拧腰右转身,双腿呈正马步,同时右手成斜线从左上向右下按掌至右膝上

方,左臂沉肘伸腕,手心向上,指尖向斜上方(图3-7)。

此处要求力贯指尖,目视正右方向。

· 图 3-6 ·　　　　　　　　　· 图 3-7 ·

强身作用

练习此式有协调人体的阴阳气机,并牵拉拽引上肢的阴阳六筋使其经络柔韧绵长,增强弹性,有利于疏通经络。特别是牵拉了膏肓穴位,中医认为膏肓穴,有自治人体虚损重症的功能,是人体自我修复之穴位,并能辅助人体抵御病魔,促进膀胱经祛风除湿利尿排毒。长期练习此式可防治肺结核、胸膜炎、咳嗽、哮喘、噎嗝、神经衰弱、肩周炎、久病体虚等顽症痼疾。

古人把病到无法治疗的时候叫做"病入膏肓"。由此可见膏肓穴的功能,它是很难被病魔侵害的。

搏击作用

此式增强了四肢的绵柔协调性,不断提高提膝高度,增强腿部的收提劲力,有利于膝击和单腿独立出击劲力,有利于踢摆鞭弹运用时的爆发劲力。

第四式 鸿雁盘空

动作要领

① 重心左移成右虚马步，右手顺势向下推按至右脚面，两臂斜向对拉成直线（图4-1）。

保持尾闾中正，身体向右侧折腰，不能猫腰，眼神随右手移动。

② 缓缓起身，两腿直立，同时双掌从身体两侧缓缓内收，并捧掌搂抱于关元穴位置（图4-2）。

此时，两手指尖相对，目视前方，气沉丹田，意在指尖。

· 图4-1 ·   · 图4-2 ·

③ 双掌微上托至神阙穴位置并有向外侧对拉之势，再翻掌下按至关元穴位置，双掌外旋再次翻掌成两手心向上，指尖相对（图4-3、图4-4）。

· 图 4-3 ·

· 图 4-4 ·

强身作用

练习此式运动了手上六筋，每一经都能发挥强身作用。以肺经为例，肺经上由中府穴至少商穴的所以穴位，在这个动作中都能得到牵拉运动。肺乃相傅之官，肺朝百脉，肺主肃降，肺主推陈出新，主一身之气，肺乃五脏之门户，肺与大肠为表里，长期练习能够滋润肺经之气，提高肺活量，促进运营气，补元气，生津液，和脾胃，促进大肠疏导，排毒养颜。防治肩臂疼痛、喉痹胸痛、咳嗽、支气管炎、哮喘、神经痛、全身水肿等毛病。

搏击作用

此式可提高手臂的劲力，增强下盘的功夫，常用于摔跤中的扛摔和擒拿对手的脚腕、小腿等部位。

第五式　雁嘴手左金鸡独立

动作要领

① 双掌顺势从身体两侧划弧线上举至头顶，双手腕背相对，手型呈雁嘴式，同时提右腿金鸡左独立，膝盖尽力提高，脚尖绷直，两手指用力勾起，双臂尽力伸直（图5-1）。

· 图 5-1 ·

强身作用

强身作用与第二式雁嘴手右金鸡独立相同。

搏击作用

搏击作用与第二式雁嘴手右金鸡独立相同。

第六式 鸿雁展翅

动作要领

① 双手放松变掌，双臂从头顶缓慢经两侧打开与肩平，立掌停顿三秒，意在指尖（图6-1）。

② 双手立掌放松为平掌，双臂微上提至略高于头顶，手腕下勾，再经身体两侧向下按，此时意在腕根，双手搂抱至双胯平环跳穴位置，再沿原路线返回至略高于头顶处，如此反复三次。注意手形上提时指尖向下，下按时指尖向上，肩、肘、腕随着手臂的上下扇动而协调动作（图6-2～图6-4）。

·图6-1·　　　　　　　　·图6-2·

· 图 6-3 ·　　　　　　　　　· 图 6-4 ·

强身作用

强身作用与第三式鸿雁展翅相同。

搏击作用

搏击作用与第三式鸿雁展翅相同。

第七式 鸿雁盘空

动作要领

① 在最后一次双臂由上而下时,双手顺势搂抱于腹部,双掌根相合,左手在上指尖向前,右手在下,指尖向下,同时右腿向正右方(正西方向)擦脚触地蹬出,擦脚时脚尖对着正前方,脚跟内侧贴地,向右擦地至左腿成顺弓步状,左膝弯曲 90°(图 7-1)。

身体端正不前倾,保持虚灵顶劲,尾闾中正,臀部内敛,眼睛直视正右方向。

② 右手腕内旋,双掌根相对向右前上方掤举至高出头顶,掤举过程中左掌缓慢外旋至双掌心朝内,双臂呈圆弧形,同时拧腰右转,呈右弓步(图 7-2)。

眼神始终跟随右手转动,这里需要做到手眼身法步,全身协调配伍,一气呵成,做到一动无有不动,一静无有不静。

· 图 7-1 ·

· 图 7-2 ·

③ 拧腰左转身,双腿呈正马步,同时左手成斜线从右上向左下按掌至左膝上方,右臂沉肘伸腕,手心向上,指尖向斜上方(图 7-3)。

此处要求力贯指尖,目视正左方向。

④ 重心右移成左虚马步，左手顺势向下推按至左脚面，两臂斜向对拉成直线（图7-4）。

保持尾闾中正，身体向左侧折腰，不能猫腰，眼神随右手移动。

· 图 7-3 ·　　　　　　　　　　　· 图 7-4 ·

⑤ 缓缓起身，两腿直立，同时双掌从身体两侧缓缓内收，并捧掌搂抱于关元穴位置。

此时，两手指尖相对，目视前方，气沉丹田，意在指尖（图7-5）。

· 图 7-5 ·

⑥ 双掌上提至神阙穴位置，双掌上提时微有对拉感，再翻掌下按至关元穴位置，双掌外旋再次翻掌并向后抽至腰两侧（图7-6），同时向左转腰，变为左弓步，右膝下弓对地，右脚前掌蹬地，脚跟跷起，两眼平视前方（正东方）（图7-7）。

· 图 7-6 ·

⑦ 两手掌心向上紧贴两肋内旋后抽至身后，双臂内旋划弧向外伸展至身体正前方与肩平，双掌阳手变阴手，手心向下，双掌内合于胸前（图7-8）。

· 图 7-7 ·　　　　　　　　　　　· 图 7-8 ·

强身作用

强身作用与第四式右鸿雁盘空相同。

搏击作用

搏击作用与第四式右鸿雁盘空相同。

第八式 双击风中

动作要领

① 身体后坐成左虚步,同时双掌下按内收于两跨侧,指尖朝前坐腕(图8-1)。意在腕根。保持虚灵顶劲,尾闾中正。

② 双手先用掌心拍击风市穴、中渎穴两个穴位,再用手背反敲此二穴,如此反复3～5次(图8-2～图8-4)。

手臂放松,用力均匀,两穴位有微痛感为好。

・图8-1・　　　　　　　　　　　　・图8-2・

③ 左脚向前上半步,提右膝成左独立,同时双手抓拳抄握于胸前,拳心向内(图8-5)。

抄拳与提膝同时完成,此谓手与足合,右脚尖绷直。

④ 双拳变掌向前伸直后向下扒按身后抓成拳,再上旋握立于两耳旁,拳面正对耳朵,大拳眼对着肩头,小拳眼朝天(图8-6～图8-8)。

第二章 阴阳双合拳动作详解　063

· 图 8-3 ·

· 图 8-4 ·

· 图 8-5 ·

· 图 8-6 ·

・图 8-7・　　　　　　　　・图 8-8・

强身作用

风市、中渎二穴是足少阳胆经中的要穴，拍击此二穴能够驱除体内风寒、风热之邪，促进胆汁分泌，帮助消化促进吸收，容纳宗气，增强胆气，胆气足则大脑清灵，办事果断，人们常说有胆有识即是此理。经常练习还可以治疗口苦、头痛、长吁、短叹、面色灰暗无华等。

此式中的扩胸提气，可提高肺活量，属壮阳气。

搏击作用

练习此式有提高抄拳和提膝的攻击力，同时造就双手绵柔松弹的速发劲力全身气机下沉，能强壮元气，有弹发迅猛之功效。

第九式 ｜ 激膏肓左右蹬腿

> **动作要领**

① 双臂外旋沉肘合抱于胸前，拳心正对前胸，同时含胸拔背，蹬出右脚（图 9-1、图 9-2）。

脚尖尽力上勾约于肩平，两腿笔直，目视前方。

· 图 9-1 ·

· 图 9-2 ·

② 右脚收回成提膝势，然后右脚落地，双拳变掌向前上方伸出，同时提左膝成右独立，提膝与双掌下按抓拳动作上下交错，手腿对拉明显。两拳从身后旋转至两耳旁，拳面正对耳朵，大拳眼对着肩头，小拳眼朝天（图 9-3～图 9-6）。

③ 双臂外旋沉肘合抱于胸前，拳心正对前胸，同时含胸拔背，蹬出左脚，脚尖尽力上勾约与肩平，两腿笔直，目视前方（图 9-7、图 9-8）。

·图 9-3·

·图 9-4·

·图 9-5·

·图 9-6·

· 图 9-7 ·　　　　　　　　　· 图 9-8 ·

④ 左脚收回成提膝右独立(图 9-9)。

· 图 9-9 ·

注意　蹬脚要求身体直立,不能低头猫腰,站立的腿不弯曲,蹬出的腿要直,脚尖内勾有劲力,高度如能达到脚尖与肩平最好。

强身作用

练习此式可牵拉拽引了膏肓穴位,此穴可以自愈人体虚损重症和抵御病魔,双拳贯耳是提气升清,蹬脚是沉气外发,有降浊气之功效,一升一降促进三焦气机循环。得到五脏六腑的阴阳平衡,防治因虚损所产生的多种病邪。此动作牵拉拽引足上六筋,足厥阴肝经、足太阴脾经、足少阴肾经、足阳明胃经、足少阳胆经、足太阳膀胱经,促进脉络循环,实现流水不腐,软化血管之功效(图9-6与图8-8姿势相同)。

搏击作用

此式的左右蹬脚是蹬击中腕、上腕及巨阙等穴位。在实战中蹬脚力点可以是脚前掌点蹬,也可以用脚后跟蹬击,还可以满脚掌蹬击,随需所变。

第十式 | 强精化髓

动作要领

① 左脚向前迈一步，伸左拳放开五指，坐腕指尖朝天，外旋缠绕抓拳收至腋下，同时上右腿并步震脚半蹲冲右拳（图10-1、图10-2）。

·图10-1·

·图10-2·

② 松右拳放开五指，坐腕指尖朝天，再外旋缠绕抓拳收回腋下，微起身，同时震左脚半蹲并步冲左拳（图10-3）。

在做冲拳动作时，可以视身体情况使用爆发力冲出，此为"寸劲"，也可使用内劲慢慢冲出。

③ 起身提左腿，同时收左手，右掌从左掌上方穿出，掌心向上，意在指尖，左掌收于右腋下，掌心向下，目视右掌前方（图10-4）。

④ 抽左掌向右掌穿去，放下左腿向后方跳步，右腿随后退至左腿右后方成马步，双掌随身体转动向下收于腹前（图10-5～图10-7）。

· 图 10-3 ·

⑤ 双掌同时向两侧扒出,经双膝前继续向上划弧线至头顶,两手心相近正对,身体尽力向上拉伸,头微后仰(图 10-8、图 10-9)。

· 图 10-4 ·   · 图 10-5 ·

第二章 阴阳双合拳动作详解　071

· 图 10-6 ·

· 图 10-7 ·

· 图 10-8 ·

· 图 10-9 ·

⑥ 双掌向胸前内收，双肘直线下沉，双掌边沉边转动，由掌心相对外旋至手背相对，手心向外，身体也同时下沉成马步（图10-10）。

· 图 10-10 ·

强身作用

练习此式可震击足部六筋，特别是足少阴肾经涌泉穴的反应作用更大，有增强肾气、健壮腰膝、灵神益智、生精化髓、健聪大脑的作用。冲拳拧腰的牵拉，运动了阴阳维脉、带脉、冲脉，促进疏通八脉气机，消除痰阻气瘀流注在人体的腰酸背痛、经挛、屈伸不利、麻痹胀痛等疾病。

搏击作用

此式锻炼和提高了震脚的力量，增强支配击拳劲力的协调性，拳头用寸劲击向对手的期门穴、章门穴等部位。在实战中若被对手抱住或者互相靠近时，可以采取震踏对手脚面或者脚趾头的方法。

第十一式 | 双击双阴

🌊 **动作要领** 🌊

上肢下伏同时蹬直双腿,双臂伸直双手掌背敲击足太阴脾经公孙穴、足少阴肾精然谷穴。手背敲击后再反掌拍击,一击拍两穴,如此反复 3～5 次,此为震击法(图 11-1)。

· 图 11-1 ·

注意 ① 公孙穴属于足太阴脾经,在脚大拇指跟后与脚腰间接处,赤白肉际处。敲击此穴有健脾益胃、通调冲脉、消除痞疾之功效。

② 然谷穴属于足少阴肾经,在脚内踝下脚腰凹与脚底的黑白肉间接处的白肉处。敲击此穴有升清降浊、益气固肾、清热利湿、泄热消胀、宁神养气之功效。

③ 此式用四个手指的指腹和指背同时敲击此二穴,反复 3～5 次,强身作用明显提高。

强身作用

练习此式敲击足太阴脾经公孙穴和足少阴肾经的然谷穴,公孙穴有健脾和胃、理气化湿、调和冲脉之功能,然谷穴可清肾经虚热,运化水湿。用手掌手背一敲震击两穴,加上肢体运动的协调配合,促进阴阳平衡,有利于消化吸收,得到融宗气、补肾气、生精壮骨的效果。可防治阳盛阴虚、伤精耗液、须发早白,或者阴盛阳虚、手脚冰凉、关节疼痛,对咽喉炎、膀胱炎、尿道炎和月经不调等有显著的防治作用。

搏击作用

此式锻炼了手掌手背的弹击劲力和韧性,同时也提高了脚内侧肌肉的抗击打性和韧性,增强在实战中出手的打击速度和力度。

第十二式 震膻中

动作要领

起身成马步,双手握拳,大拇指向内,小拇指向外,双拳同时击震膻中穴(图12-1)。震击力度应根据各人身体情况,震击有感即可有效。

· 图 12-1 ·

强身作用

膻中穴属于任脉,为八会穴之气会。震击膻中,具有理气活血、宽胸通乳、止咳平喘、通络利膈之功效。经常练习此式能够解气瘀,舒心情振奋精神,有助于健脾和胃,消食导滞,防治胸痛、胸闷、心悸、呃逆、噎嗝等。

搏击作用

此式可以锻炼提高胸肋的抗击打能力,增强魄气,起到辅助搏击技能发挥的作用。

第十三式 | 右缠六筋

动作要领

① 向正右方迈右腿，马步变成右弓步，右拳大拳眼紧贴胸部向下向外反撩至胳膊伸直时，拳心向上，手腕用力勾紧。此时拳头以手腕为轴心，顺时针旋转至大拳眼朝上，成立拳（图 13-1）。

· 图 13-1 ·

注意 整个运动过程中，拳要握紧、勾紧，旋转缠绕时，手臂有牵拽微酸痛之感觉。

② 身法不变，步法向左拉拽成左顺弓步，即左腿马步，右腿伸直，身体保持直立，虚灵顶劲，尾闾中正，定式三秒（图 13-2）。

③ 身体重心拉回右腿，返回图 13-1 所示的姿势，再提左腿成金鸡独立，此时左拳立于左膝盖上，右拳微上举高过头顶（图 13-3）。

· 图 13-2 ·

· 图 13-3 ·

强身作用

练习此式用螺旋缠绕牵拉引拽手上阴阳六筋，促进三阴三阳的表里合一，协调循环，能够软化血管，增强血管弹性，实现消化快，吸收高，神志明，魄气灵，宣肺养心，防治颈椎病、肩周炎、上支痹痛、麻木酸胀、心脑血管障碍等。同时起到强壮脏腑脉络，加快气血生长，提高脉络的柔韧性，丰富了肌肤纤维弹性，强壮筋骨，有延缓衰老的功效。

搏击作用

此式的牵拉拽引经络，能增长手腕和臂膀劲力，练就"软如绵、硬如钢"之随时变化，提高抓拿踢打劲力和灵敏反应能力，从而提高搏击技巧。

第十四式 牵六筋左侧蹬脚

动作要领

左膝转向左侧开胯,然后侧蹬左脚,脚尖上勾约与肩平,两腿绷直,同时右手臂伸直与左腿有对拉之势。定势三秒,收左腿提膝(图 14-1、图 14-2)。

· 图 14-1 ·　　　　　　　　　　· 图 14-2 ·

强身作用

练习此式时,蹬出的腿要求脚尖尽力上勾,既锻炼腿上功力,同时又牵拉拽引腿上六条经络,提高其绵柔弹性,有疏通气机、延缓衰老之功效。

搏击作用

此式的侧蹬脚也是可以蹬击中脘、上脘及巨阙等穴位。在实战中蹬脚力点可以是脚前掌点蹬，也可以用脚后跟蹬击，还可以满脚掌蹬击，随需所变。

第十五式 | 左缠六筋

◆ 动作要领

① 左脚向正左方迈出成左弓步，同时左拳变阳掌向上撩抓握拳收至肩头（图 15-1～图 15-3）。

· 图 15-1 ·   · 图 15-2 ·

· 图 15-3 ·

② 左拳大拳眼紧贴胸部顺势向下向外反撩至胳膊伸直时，拳心向上，手腕用力勾紧，此时拳头以手腕为轴心，顺时针旋转至大拳眼朝上，成立拳（图 15-4～图 15-10）。

· 图 15-4 ·　　　　　　　　　　· 图 15-5 ·

· 图 15-6 ·　　　　　　　　　　· 图 15-7 ·

· 图 15-8 ·　　　　　　　　· 图 15-9 ·

· 图 15-10 ·

注意　整个运动过程中，拳头握紧，手腕勾紧，旋转缠绕时，手臂有牵拽微酸痛之感觉。

强身作用

强身作用与第十三式右缠六筋相同。

搏击作用

搏击作用与第十三式右缠六筋相同。

第十六式 | 击海关

> **动作要领**

① 身体重心移至右腿，左腿随之收回成高虚步，同时左拳变掌，拍击气海穴和关元穴，简称击海关，右拳随身体转动变掌高举于头顶（图 16-1）。

② 右手从上向下，从左手上方抹过，左手贴身上抽，右手拍击海关二穴，如此双手在腹前滚翻轮拍 7～9 次（图 16-2～图 16-4）。

· 图 16-1 ·

· 图 16-2 ·

③ 当左手拍最后一次时，左脚先向前（正东方）迈出半步，紧接着提右腿向右前方（东南方）迈开成右弓步，在弓步落脚的同时，顺势冲出右拳，此乃"手与足合"，上半身微前倾（图 16-5）。

④ 右拳放开，五指力贯指尖，坐腕外旋，抓指成拳，拳心朝上，收回腋下。冲出左拳，左拳到位后再放开左拳，五指力贯指尖，坐腕外旋，抓指成拳，拳心朝上，收回

腋下。双拳变成双阳掌同时缓伸直戳前方，双掌与肩平，双臂伸直，力贯指尖（图 16-6～图 16-10）。

· 图 16-3 ·

· 图 16-4 ·

· 图 16-5 ·

· 图 16-6 ·

· 图 16-7 ·

· 图 16-8 ·

· 图 16-9 ·

· 图 16-10 ·

强身作用

海，是气海穴，在任脉上，位于腹部正中线肚脐下 1.5 寸（1 寸≈3.33 厘米）位置，此穴乃人体真气生发之源，号称性命之祖，此穴有培补元气，益肾固精，补益回阳，延年益寿之功效。震击此穴能全面调节人体气机化为正气，并能够滋阴壮阳、消脂肪祛赘肥，防治便秘、遗尿遗精阳痿早泄、女子月经不调、痛经闭经等。

关，是关元穴，与气海穴同属任脉，在肚脐下 3 寸位置，此穴男藏精女蓄血，是人生之关要，真元之所存，故命名为关元穴。震击此穴能增长真元精气，调节阴阳平衡，补元气强壮体质，扶正祛邪。

搏击作用

此式击海关可以强壮元气，提高身体素质，练习出手出腿的劲法力道，为搏击实战打基础。

第十七式 | 引火归元

动作要领

① 双掌外旋内收于肩头，双掌心向上与肩平，转掌的同时，腰微向左缓慢转动成左虚马步（图17-1）。

② 此时将重心缓慢移至左腿，随后右脚紧跟侧滑向左腿靠拢，以腰部转动带动上半身缓向左转，双掌手心朝下从前胸下按至左胯部，成右侧虚步（图17-2）。

·图 17-1·

·图 17-2·

强身作用

练习此式能够升清气、降浊气，取三焦之气纳入关元穴，中医称之为"引火归元"。

搏击作用

练习此式能熟练手法的拦截，提高拧腰闪身的技巧，同时能够强壮下肢，提高下肢功力，在实战中可以有效待发。

第十八式 右侧桩

动作要领

双掌同时各自外旋再翻掌为手心向上托起，两手指尖相对，提右脚向右前方（正东方）迈一步，左脚紧跟成站立步，同时转腰，带动双掌快速向右前方鞭弹出，高度与眼鼻平（图18-1）。

· 图 18-1 ·

强身作用

练习此式可以提肾气、交心气、抒发气机，有疏肝解郁、益气生津之功效。

搏击作用

练习此式时，拧腰快速弹发手背，手指尖像鞭子一样柔软快速弹击于对手面门或眼部，手背、手指的弹力加上拧腰带动的爆发力，可有效制服对手。

第十九式 | 阴阳双合手

动作要领

① 左脚向左前方（正西方）迈开一步成马步，与此同时向左转身，刁左手（左手小拇指向上，外旋手腕勾紧，指尖偏上），右手随即外旋变为手心向上，快速上撩至左手腕处下方，与左手成阴阳双合之势（图19-1、图19-2）。

· 图 19-1 ·

· 图 19-2 ·

② 双手握紧变拳，左拳外旋，右拳内旋，成两拳心相对，握于胸前，同时向右转身并下沉成马步，眼睛看向正西方（图19-3、图19-4）。

③ 右手变拉弓式，平肘，拳心向下，左手变阴掌平扫至身体左侧，与右手肘成直线（图19-5、图19-6）。

强身作用

练习此式有降浊气、强精气，润肺健肾之功效。

· 图 19-3 ·

· 图 19-4 ·

· 图 19-5 ·

· 图 19-6 ·

搏击作用

此式中的刁手在实战中非常有效。左手刁拿对方所出之手腕，右手快速跟上正拿该手腕，两手拧旋反拿，并随着身体下沉，一招可拿住对手。此招也可在自己被抓住时，用于反擒拿手法。

第二十式 激通八脉

动作要领

① 身体左转面向西成左弓步,同时推伸右手,收左手至胸前,手心向内,从推伸的右手前穿过(图20-1)。

② 右手顺右肋下扒转缠绕手臂,提右脚向前上一步,右手继续向前推出,左手回收,两手于胸前再次穿掌,提左脚前跳一步,右脚紧跟与左脚并步,同时立即下蹲,两手变拳从身体两侧搂抱交叉于胸前,目视前方(图20-2～图20-4)。

· 图 20-1 ·

· 图 20-2 ·

③ 起身,右腿快速向身后撩踢,左拳架拳于头顶,右拳后撩至背后(图20-5)。

④ 后撩阴腿下落顺势向前方迈出,落地成右弓步,左右手形式不变(图20-6)。

092 阴阳双合拳

· 图 20-3 ·

· 图 20-4 ·

· 图 20-5 ·

· 图 20-6 ·

强身作用

八脉是指督脉、任脉、冲脉、带脉、阴跷脉、阳跷脉、阴维脉、阳维脉。此式大开大合，能伸展经络，活跃气血，促进循环。牵拉八脉十二经络，表里合一，通畅气机，行气生血，平衡阴阳。

练习此式更多地拽拉冲任二脉，使其上下伸展，提高其绵长度和柔韧性，增强脉络的活力,促进气血疏通,有防治气滞、血淤、痰阻所生之疾。

搏击作用

此式的搏击左右非常典型,图 20-1～图 20-4 所示的动作有避开对手锋芒、退让和诈败之意,可以分散对手的注意力,同时也练习了脚步的进退自如和动作的稳准性。图 20-5 所示的动作则是等对手追赶临近时,猛然起身带腿后撩,奔踢对手裆部而去,此式在武术中是鼎鼎有名的"倒打紫金冠"。

第二十一式 | 反臂正蹬

动作要领

① 右脚内扣，身体左转180°，左手抡臂一周收抱于腋下，成高虚步，面向东南，右手手势不变，左腿提膝，目视前方（图21-1、图21-2）。

· 图 21-1 ·

· 图 21-2 ·

② 左脚向正东方蹬出，脚尖上勾绷紧，两腿均绷直，定势三秒。收左脚成金鸡独立定势三秒（图21-3、图21-4）。

· 图 21-3 ·

· 图 21-4 ·

强身作用

强身作用与第十四式牵六筋左侧蹬脚相同。

搏击作用

图 21-1、图 21-2 所示的动作是抡臂反擒拿，当对手从后面抓住自己肩头时，猛然转身并从上往下抡臂，用自己的手臂反擒夹住对方手臂肘关节。图 21-3 所示的动作中，一个正蹬腿蹬向对方巨阙穴位置，基本也能一招制胜。

第二十二式 强精化髓

动作要领

① 左脚向前迈一步，伸左手放开五指外旋缠绕抓拳收至腋下，同时上右脚并步震脚，两腿半蹲冲右拳（图22-1、图22-2）。在做冲拳动作时，可以视身体情况使用爆发力冲出，也可使用内劲慢慢冲出。

· 图22-1 ·

· 图22-2 ·

② 松右拳放开变掌，坐腕指尖朝天，再外旋缠绕抓成拳头收回腋下，微起身，同时震左脚，两腿半蹲并步冲左拳（图22-3）。

③ 起身提左膝穿右掌，手心向上，意在指尖，左手拳变掌收于右腋下，手心向下，目视右掌前方（图22-4）。

④ 抽左掌向右掌穿去，放下左腿向后方跳步，右腿随后退至左腿右后方成马步，双掌随身体转动向下收于腹前（图22-5～图22-7）。

第二章 阴阳双合拳动作详解　097

· 图 22-3 ·

· 图 22-4 ·

· 图 22-5 ·

· 图 22-6 ·

⑤ 双掌同时向两侧扒出，经双膝前继续向上划弧线至头顶两手心相近正对，身体尽力向上拉伸，头微后仰（图22-8、图22-9）。

· 图 22-7 ·

· 图 22-8 ·

⑥ 双掌向胸前内收，双肘直线下沉，双掌随之外旋转动，由双掌心相对外旋为双手背相对手心向外，身体也同时下沉成马步（图22-10）。

· 图 22-9 ·

· 图 22-10 ·

强身作用

强身作用与第十式强精化髓相同。

搏击作用

搏击作用与第十式强精化髓相同。

第二十三式 ｜ 双击双阴

动作要领

上肢下伏同时蹬直双腿,双臂伸直双手掌背敲击足太阴脾经公孙穴、足少阴肾经然谷穴。手背敲击后再反掌拍击,一击拍两穴,如此反复 3～5 次,此为震击法(图 23-1～图 23-3)。

· 图 23-1 ·

· 图 23-2 ·

· 图 23-3 ·

强身作用

强身作用与第十一式双击双阴相同。

搏击作用

搏击作用与第十一式双击双阴相同。

第二十四式 震膻中

动作要领

起身成马步，双手握拳，大拇指向内，小拇指向外，双拳同时双击膻中穴（图 24-1）。

· 图 24-1 ·

强身作用

强身作用与第十二式震膻中相同。

搏击作用

搏击作用与第十二式震膻中相同。

第二十五式 左右缠六筋

动作要领

① 向正右方迈右腿，马步变成右弓步，右拳大拳眼紧贴胸部向下向外反撩至胳膊伸直时，拳心向上，手腕用力勾紧，此时拳头以手腕为轴心，顺时针旋转至大拳眼朝上，成立拳（图25-1）。

② 把重心移至左腿，在移重心的同时，右脚牛蹄蹬地转踏脚前掌，脚后跟踏地外旋，随左腿成弓步时右腿蹬直，左手做缠六筋动作（图25-2）。

注意 整个运动过程中，拳要握紧、手腕勾紧，旋转缠绕时，手臂手腕有牵拽微酸痛和微麻之感觉。

· 图 25-1 ·　　　　　　· 图 25-2 ·

强身作用

强身作用与第十五式左缠六筋相同，此式左、右手同时做缠六筋动作，全面牵拉拽引奇经八脉十二经络，其强身健体价值很强。

搏击作用

搏击作用与第十五式左缠六筋相同。

第二十六式 跃步独立

动作要领

① 左拳变掌,同时向左拧腰抡左臂划弧,随即提右腿向左腿前方跃起,左掌挑于头顶,右脚落地,左腿提起(图26-1、图26-2)。

· 图 26-1 ·

· 图 26-2 ·

② 左腿触地铲出成扑步,左手从左脚面由左向右扫抓成拳,抱收于腋下,同时起身,紧跟右脚并步,抓右手成拳向左伸出划弧线挑至头顶,提右腿独立(图26-3~图26-7)。

· 图 26-3 · 　　　　　· 图 26-4 ·

· 图 26-5 · 　　　　　· 图 26-6 ·

强身作用

练习此式有提高弹跳活力,增长脚力功夫,增长腿部经络的柔韧劲和独立的稳劲的作用。加之上肢的协调配合运动,可以强精气、增神气、固卫气,提高免疫力,祛邪防病。

·图 26-7·

搏击作用

此式练习了跳跃闪转,增强人的灵活应变能力,实战中可以更好地做到攻守。练好独立劲力,可以稳固能守,出招有威,是搏击技术不可或缺的训练项目。图 26-4 所示的动作在实战中可以快速刁挂对方脚腕,出其不意地掀翻对方。

第二十七式 | 双击双阴

动作要领

① 抽左掌向右掌穿去,放下左腿向后方跳步,右腿随后退至左腿右后方成马步,双掌随身体转动向下收于腹前(图 27-1、图 27-2)。

· 图 27-1 ·　　　　　　　　　　　· 图 27-2 ·

② 双掌同时向两侧扒出,经双膝前继续向上划弧线至头顶两手心相近正对,身体尽力向上拉伸,头微后仰(图 27-3～图 27-6)。

③ 双掌向胸前内收,双肘直线下沉,双掌边沉边转动,由掌心相对外旋为手背相对,手心向外,身体也同时下沉成马步(图 27-7)。

· 图 27-3 ·

· 图 27-4 ·

· 图 27-5 ·

· 图 27-6 ·

④ 上肢下伏同时蹬直双腿，双臂伸直双手掌背敲击足太阴脾经公孙穴、足少阴肾经然谷穴。手背敲击后再反掌拍击，一击拍两穴，如此反复3~5次，此为震击法（图27-8、图27-9）。

· 图 27-7 ·

· 图 27-8 ·

· 图 27-9 ·

强身作用

强身作用与第十一式双击双阴相同。

搏击作用

搏击作用与第十一式双击双阴相同。

第二十八式 震膻中

动作要领

起身马步，双手握拳，大拇指向内，小拇指向外，双拳同时双击膻中穴（图 28-1）。

· 图 28-1 ·

强身作用

强身作用与第十二式震膻中相同。

搏击作用

搏击作用与第十二式震膻中相同。

第二十九式 左右缠六筋

动作要领

① 迈右腿向正右方,马步变成右弓步右拳大拳眼紧贴胸向下向外反撩至胳膊伸直时,拳心向上用力勾紧,此时拳头以手腕为轴心,顺时针旋转至大拳眼朝上,成立拳(图29-1)。

② 把重心移至左腿,在移重心的同时,右脚牛蹄蹬地转踏脚前掌,脚后跟踏地外旋,随左腿成弓步时右腿蹬直,左手做缠六筋动作(图29-2)。

· 图 29-1 ·　　　　　　　　　· 图 29-2 ·

强身作用

强身作用与十三式右缠六筋相同。

搏击作用

搏击作用与十三式右缠六筋相同。

第三十式 | 强精化髓

动作要领

① 左手拳变掌，五指分开，力贯指尖，手背、手指直立与手腕成 90°，手腕外旋再抓成拳，同时左脚尖向左略摆动，上右腿并步，右拳收至腋下，震右脚收左拳冲右拳（图 30-1、图 30-2）。

· 图 30-1 ·

② 右手拳变掌，五指分开，力贯指尖，手背手指直立与手腕成 90°，手腕外旋再抓成拳，同时起身抬左脚震步收右拳冲左拳（图 30-3）。

强身作用

强身作用与第十式强精化髓相同。

搏击作用

搏击作用与第十式强精化髓相同。

·图 30-2·

·图 30-3·

第三十一式 开合阴阳手

动作要领

① 起身两拳变掌，提左膝，穿右掌，掌心向上，意在指尖，左掌收于右腋下，掌心向下，目视右掌前方（图31-1）。

② 抽左掌向右掌穿去，左腿向后方跳步，右腿随后退至左腿右后方成马步，面向正南，双掌随身体转动向下收于腹前（图31-2～图31-4）。

· 图 31-1 ·

· 图 31-2 ·

③ 双掌同时向两侧扒出，经双膝前继续向上划弧线至头顶，两手掌心相对，身体尽力向上拉伸，左脚并步于右脚，左手向右向下，右手向左向下抱掌下蹲抓拳；互相拉拽分开，两肘成一直线且右肘高左肘低。两拳变掌外旋相交，再次抱掌互抓拉拽成拳分开，两肘成直线，右肘高左肘低，同时提左膝金鸡独立，此时右脚尖指向正南方，身体左转面向东南方（图31-5～图31-9）。

第二章 阴阳双合拳动作详解　115

· 图 31-3 ·

· 图 31-4 ·

· 图 31-5 ·

· 图 31-6 ·

·图 31-7·

·图 31-8·

·图 31-9·

强身作用

练习此式能够牵拉拽引八脉十二经络,上下配合,平衡阴阳,疏通气机,实现五脏之藏,六腑之疏,使全身气机化为正气,一身正气则祛疾防身。

搏击作用

练习此式可极好地锻炼手眼身法步的协调性,有利于在实战搏击中进退自如、收发适时有度。手眼身法步的协调配伍是拳术锻炼的重中之重,闪转腾挪、拦截出击、有效防范,这些都需要高度的身体协调性。

第三十二式 | 运调阴阳

动作要领

① 双拳变掌，右手掌外旋变为阳掌向下劈至左大腿外侧，左手阴掌后劈至身后（图 32-1、图 32-2）

· 图 32-1 ·

· 图 32-2 ·

② 左脚向膝盖所指方向（东南方）落脚，起右脚跳跃至左脚前方，提左腿向前方跨一大步落脚。起跳的同时，双手顺时针划弧至头顶（图 32-3～图 32-5）；

③ 落脚后继续顺时针云动双手臂带动腰部前俯后仰顺势转动，双臂始终排列成相对方向旋转划动，重复 3～5 次（图 32-6～图 32-9）。

第二章 阴阳双合拳动作详解　119

· 图 32-3 ·

· 图 32-4 ·

· 图 32-5 ·

· 图 32-6 ·

·图 32-7·

·图 32-8·

·图 32-9·

强身作用

练习此式能够牵拉拽引八脉十二经络，使全身经络柔韧绵长，脏腑气机循环流畅，气行而血生，"气为血之帅，血为气之母"，气血互生，阴阳平衡，可防治心脑血管疾病、高血糖、高血脂、高血压、腰椎间盘突出、颈椎病、关节痛、手脚麻痹等疾病。

搏击作用

练习此式可提升腰部的柔韧灵活性,提高全身经络的柔和协调性和活跃性,进一步造就自身的灵活反应能力和身心素质,这些都是搏击技术中非常重要的素质。

第三十三式 蝶步阴阳桩

动作要领

① 最后一次云腰至左腿前，上体左转前伏至左腿上方，左手从脚背扫过时，右腿紧跟左手随身体向左旋，伏身跪地，跪地的右小腿内侧触地，右手顺势挥至胸前与左手合掌抱于左膝上方，掌心向内（图 33-1）。

② 挺胸直立，同时左掌内旋手心向外，右掌手心向内，两掌同时向外对拉，双臂成圆弧形分开（图 33-2）。

注意 该势整个武姿似一只蝴蝶，图 33-1 所示武姿似一只蛰伏的蝴蝶，属阴，图 33-2 所示武姿似振翅欲飞的破茧之蝶，属阳。同时两掌阴阳相对，故名蝶步阴阳桩。

· 图 33-1 ·

· 图 33-2 ·

强身作用

练习此式，有抒气宽胸、通经活络、利肝胆、和脾胃、养心润肺、提高机体免疫力的作用。

搏击作用

此式锻炼了手腿的协调一致,牵拉了相应的经络,提高经络的弹性,可加强出击的速度和劲力,对摔拿击打有非常重要的辅助作用。

第三十四式 左击风中左右弹踢

动作要领

① 起身,左脚前掌触地向后拖旋转带动右脚跟牛蹄外旋,右脚尖对正东方向,重心后座,成左虚步。左手顺势摆至身体左侧与肩平,掌指朝前掌心向外,伸右手拍击左风市、中渎二穴,用手心手背轮换拍击3~5次,紧接着向前弹踢左腿(图34-1、图34-2)。

· 图 34-1 ·

· 图 34-2 ·

② 左脚放下落地后,向前急滑右脚与左脚靠近,左脚顺势往前小迈一步后再弹踢右腿(图34-3)。

· 图 34-3 ·

强身作用

练习此式与第八式双击风中功效类似,能够祛风湿、祛痰阻,活血化瘀,荣筋散寒,可防治因风寒湿引起的痹症。

搏击作用

此式的左击风中与第八式的双击风中作用类似。左右弹踢,手腿并用连环出击对手要害部位,攻击性非常强。此处弹踢一般是用脚尖弹击对方,常用于以穴位为目标的攻击。

第三十五式 左背纤

动作要领

① 右脚落地后身体就势下沉成右弓步,右手按在小腹左侧,回身面向左腿,伸左手向外缠丝抓握坠肘成拳,略高于肩。在抓握成拳的同时,身体下沉成左虚马步(图35-1、图35-2)。

· 图 35-1 ·

· 图 35-2 ·

② 左手把背拉的纤绳紧紧握住向右转腰,同时蹬转左脚跟,脚尖朝里,左腿绷直。抬左肘将左拳用力栽至伏兔穴,要有撞击感,有那种将纤绳拴在桩上的感觉(图35-3)。

· 图 35-3 ·

注意 左手外旋抓握成拳、弓步下沉整体协调一致,就像纤夫真的在背纤一样,用意、用情、用劲,做到心意六合。

强身作用

伏兔穴属于足阳明胃经,在人体大腿前面,膝盖上约 6 寸。撞击此穴可缓解腰膝酸痛、下肢酸软麻木、腹胀、足麻不仁等症,有壮腰膝、通经络之功效。

练习此式能够宣通八脉十二经络的阴阳气机,实现脏腑经络的表里合一,可防治中风痹痛、动脉硬化等。

搏击作用

此式是练习手眼身法的综合劲力,手的抓劲、腿的蹬劲、身体的沉劲,三股劲力配合一致,在摔拿搏击中意义重大。

第三十六式 十字缠六筋

动作要领

① 步形不变,直腰扩胸,右手从小腹前抽出,变拳成肘拐出,肘与肩平(图36-1)。

② 右手肘顺势内旋划弧右缠六筋,再抽起左拳成肘拐出,内旋划弧,向左缠六筋,两臂成一直线,眼看左手方向(图36-2、图36-3)。

· 图 36-1 ·   · 图 36-2 ·

· 图 36-3 ·

强身作用

强身作用与第十三式缠六筋相同。

搏击作用

搏击作用与第十三式缠六筋相同。

第三十七式 巨阙献果

动作要领

① 转头眼看正前方，双臂向后划弧，同时双拳变掌，由下而上再抓成拳抄握于胸前，双肘下沉，双拳与肩平，撩击左脚（图37-1）。

② 左腿向前方落脚，右腿随即上步成马步，侧冲右立拳。拳的攻击目标为对方的巨阙穴，因此叫"巨阙献果"。此时面向正东方，眼看右拳方向（图37-2）。

· 图 37-1 ·

· 图 37-2 ·

强身作用

练习此式能锻炼肢体上下协调，有柔和筋脉，疏通气机，活跃精神之功效。

搏击作用

此式的搏击作用非常明显，用左脚撩阴并上步拳击巨阙穴。

第三十八式 | 引火归元

动作要领

① 向右转腰,同时双拳变掌,左掌随之向右掌方向平伸,掌心向上,意在指尖,上体右转同时左脚拧地做牛蹄后蹬,左腿绷直成右弓步(图 38-1)。

② 双掌外展旋收于双肩之上,同时左转腰,左腿曲弓成左虚马步,继续下沉,腰向左转至面向正西方向,身体直立保持尾闾中正(图 38-2～图 38-4)。

· 图 38-1 ·

· 图 38-2 ·

· 图 38-3 ·

· 图 38-4 ·

③ 此时将身体重心缓慢移至左虚腿，双掌由肩部同时下按至左环跳穴位置，左腿蹬劲站立，右脚紧跟向左腿靠拢，成右虚丁步（图38-5）。

· 图 38-5 ·

强身作用

练习此式能够升清气、降浊气，取三焦之气纳入关元穴，中医称之为"引火归元"。

搏击作用

练习此式能熟练拦截的手法，提高灵腰闪身的技巧，同时能够强壮下肢，提高下肢功力，在实战中可以有效待发。

第三十九式 右侧桩

动作要领

双掌同时各自外旋再翻掌为手心向上托起,两手指尖相对,提右脚向右前方(正东方)迈一步,左脚紧跟成站立步,同时转腰,带动双掌快速向右前方鞭弹出,高度与眼鼻平(图39-1)。

·图 39-1·

强身作用

强身作用与十八式右侧桩相同。

搏击作用

搏击作用与第十八式右侧桩相同。

第四十式 | 阴阳双合手

> 动作要领

① 左脚向左方（正西方）迈开一步，双腿微曲略成高马步，与此同时向左转身，刁左手，右掌随即自上而下快速上撩至左手腕处下方，与左手成阴阳双合之势（图40-1、图40-2）。

· 图 40-1 ·

· 图 40-2 ·

② 双掌握紧变拳，左拳外旋，右拳内旋，成两拳心相对，握于胸前，同时向右转身并下沉成马步，眼睛看向正西方（图40-3、图40-4）。

③ 右肘变拉弓式，拳心向下，左拳变阴掌平扫至身体左侧，与右肘成直线（图40-5、图40-6）。

·图 40-3·

·图 40-4·

·图 40-5·

·图 40-6·

强身作用

强身作用与第十九式相同。

搏击作用

搏击作用与第十九式相同。

第四十一式 激通八脉

动作要领

① 身体左转面向西成左弓步，同时推伸右掌，收左掌至胸前，掌心向内，从推伸的右掌前穿过（图41-1）。

· 图 41-1 ·

② 右掌顺右肋下扒转缠绕手臂，提右脚向前上一步，右掌继续向前推出，左掌回收，两掌于胸前再次穿掌，提左脚前跳一步，右脚紧跟与左脚并步，同时立即下蹲，两掌变拳从身体两侧搂抱交叉于胸前，目视前方（图41-2～图41-5）。

· 图 41-2 ·

· 图 41-3 ·

· 图 41-4 ·

· 图 41-5 ·

③ 起身,右腿向身后撩踢,左拳架拳于头顶,右拳后撩至背后(图 41-6)。

④ 后撩的右腿下落顺势跨步迈向前方,手势不变,成右弓步打虎势,回头望月(图 41-7)。

·图 41-6· ·图 41-7·

强身作用

强身作用与第二十式激通八脉相同。

搏击作用

搏击作用与第二十式激通八脉相同。

第四十二式　右击风中左右弹踢

动作要领

① 双拳变掌，左掌外旋掌心向上，内收右腋下，掌心转向下，收左掌的同时右掌收回从腋下向左掌上方穿掌而出，直戳前上方，掌心向上，意在指尖（图 42-1）。

· 图 42-1 ·

② 右掌内旋，翻手掌心向下，意在掌韧，同时顺手掌内旋之劲以右腿为轴向右转身180°，左腿随身体向右后转动成左虚步（面向正东方）。右掌心向下，掌韧向外抬与肩平，右臂成弧形，左掌向下击拍右风市、中渎二穴位，手心手背依次反复击拍3～5次（图 42-2～图 42-5）。

③ 右击风中后，身体重心移至左腿，起身弹踢右腿，右腿向前落步后左脚急步跟上，再弹踢左腿（图 42-6、图 42-7）。

· 图 42-2 ·

· 图 42-3 ·

· 图 42-4 ·

· 图 42-5 ·

· 图 42-6 ·

· 图 42-7 ·

强身作用

强身作用与第三十四式左击风中左右弹踢相同。

搏击作用

搏击作用与第三十四式左击风中左右弹踢相同。此式中的穿掌是拦截、出击作用。

第四十三式 右背纤

动作要领

① 左脚落地后身体就势下沉成左弓步,左手按在小腹右侧,回身面向右腿,伸右手向外缠丝抓握坠肘成拳,略高于肩。在抓握成拳的同时,身体下沉成右虚马步(图43-1、图43-2)。

· 图 43-1 ·

· 图 43-2 ·

② 右手把背拉的纤绳紧紧握住向左转腰,同时蹬转右脚跟,脚尖朝里,右腿绷直。抬右肘将右拳用力栽至伏兔穴,要有撞击感,真有那种将纤绳拴在桩上的感觉(图43-3)。

注意 右手外旋抓握成拳、弓步下沉整体协调一致,就像纤夫真的在背纤一样,用意、用情、用劲,做到心意六合。

· 图 43-3 ·

强身作用

强身作用与第三十五式左背纤相同。

搏击作用

搏击作用与第三十五式左背纤相同。

第四十四式 十字缠六筋

动作要领

① 步形不变,从小腹前抽出左手,顺势直腰,变拳成肘向左拐出,肘与肩平,紧接着左拳由胸前向下贴身向外撩出,拳心向上勾腕外旋一周握立拳,眼看左拳前方(图44-1)。

② 右拳变掌从伏兔穴处向前向上撩出再抓握成拳收至胸前,拳头向下向正前方撩出,拳心向上勾腕外旋一周握成立拳,眼看右拳前方(图44-2)。

· 图 44-1 ·　　　　　　　　　　· 图 44-2 ·

强身作用

强身作用与第三十六式十字缠六筋相同。

搏击作用

搏击作用与第三十六式十字缠六筋相同。

第四十五式　击海关

动作要领

右拳变掌向上挑于头顶带动身体同时向右转 180°，收右腿成高虚步，面向正西方，左拳变掌随身体转动，并由下而上抡至头顶。右掌由上而下击拍气海、关元二穴，左掌顺势再由上而下拍击海关，两掌按顺时针方向滚动抡拍 8～10 次（图 45-1～图 45-4）。

· 图 45-1 ·

· 图 45-2 ·

强身作用

强身作用与第十六式击海关相同。

第二章 阴阳双合拳动作详解 147

· 图 45-3 ·

· 图 45-4 ·

搏击作用

搏击作用与第十六式击海关相同。

第四十六式 巨阙献果

动作要领

① 当最后一次左手拍在海关时,右腿向前跨出一步,落脚后成马步侧冲右拳,左掌按伏在海关穴,面向正南方,眼看右拳前方(图46-1)。

② 起身右拳变掌,撤右脚,同时抡双臂穿掌成歇步冲右拳,左拳杵在左腿伏兔穴上(图46-2)。

· 图 46-1 ·

· 图 46-2 ·

强身作用

强身作用与三十七式巨阙献果相同。

搏击作用

搏击作用与三十七式巨阙献果相同。

第四十七式 | 左侧蹬

动作要领

① 起身提左膝右金鸡独立，右拳划过头顶，左拳一直跟随左膝保持在伏兔穴位置，成提膝打虎势（图47-1）。

② 开左胯侧蹬左腿，右臂伸直，略高于肩，与蹬出的左腿成对拉之势，左拳仍杵于伏兔穴位置（图47-2）。

· 图 47-1 ·　　　　　　　· 图 47-2 ·

强身作用

练习此式能锻炼腿上独立稳劲，并且牵拉拽引了双腿上的阴阳六筋，使其绵柔伸展，提高韧带弹性，促进血液循环，延缓衰老。

搏击作用

搏击作用与第十四式牵六筋左侧蹬脚相同。

第四十八式 左缠六筋

动作要领

左脚在身体左侧落下成左弓步,左拳从伏兔位置抬至胸前与肩平,内旋向下反撩伸直,拳心向上,手腕勾紧,此时拳头以手腕为轴心,顺时针旋转至大拳眼朝上,成立拳(图48-1)。

· 图 48-1 ·

强身作用

强身作用与第十三式右缠六筋相同。

搏击作用

搏击作用与第十三式右缠六筋相同。

第四十九式 | 强精化髓

动作要领

① 左脚向前迈一步,伸左拳放开五指,坐腕指尖朝天,外旋缠绕抓拳收至腋下,同时上右腿并步震脚半蹲冲右拳(图49-1)。

② 松右拳放开五指,坐腕指尖朝天,再外旋缠绕抓拳收回腋下,微起身,同时震左脚半蹲并步冲左拳(图49-2)。

· 图 49-1 ·

· 图 49-2 ·

在做冲拳动作时,可以视身体情况使用爆发力寸劲冲出,也可使用内劲慢慢冲出。

强身作用

强身作用与第十式强精化髓相同。

搏击作用

搏击作用与第十式强精化髓相同。

第五十式 开合阴阳手

动作要领

① 起身两拳变掌,提左膝,穿右掌,掌心向上,意在指尖,左掌收于右腋下,掌心向下,目视右掌前方(图 50-1)。

② 抽左掌向右掌穿去,左腿向后方跳步,右腿随后退至左腿右后方成马步,面向正南,双掌随身体转动向下收于腹前(图 50-2)。

· 图 50-1 ·

· 图 50-2 ·

③ 双掌同时向两侧扒出,经双膝前继续向上划弧线至头顶,两掌心相近正对,身体尽力向上拉伸,头微后仰(图 50-3～图 50-5)。

第二章 阴阳双合拳动作详解　153

·图 50-3·

·图 50-4·

·图 50-5·

④ 双手手心相碰后，左脚并步于右脚，身体下蹲，双掌胸前十字相交，继续下蹲时双掌内旋，抓拳外分，蹲稳的同时，双拳正好到位，双拳相对双臂成圆弧形，且右臂低左臂高（图 50-6、图 50-7）。

·图 50-6· 　　　　　　　　·图 50-7·

⑤ 两拳变掌，外旋相交再次于胸前抱掌互抓拉拽成拳分开，同时起身提右膝金鸡独立，双拳对拉，双臂成圆弧形。身体与右拳向右下方折腰倾斜，但身体不能前倾弯腰，正所谓"低头猫腰，学艺不高"（图50-8、图50-9）。

·图 50-8·　　　　　　　　·图 50-9·

强身作用

强身作用与第三十一式开合阴阳手相同。

搏击作用

搏击作用与第三十一式开合阴阳手相同。

第五十一式 | 腾空摆莲

动作要领

右脚向右前落脚,垫步小跳,提膝云臂推右掌,接腾空摆莲(图51-1、图51-2)。

· 图 51-1 ·

· 图 51-2 ·

注意 图51-1、图51-2所示的这两个动作要连贯流畅,一气呵成,腾空高度因人而异。

强身作用

练习此式时,拍击足阳明胃经、足少阳胆经、足太阳膀胱经,可以提高三经阳气,促进胃肠蠕动、分泌胆汁,使膀胱经气机通畅,疏导肠道,有排毒养颜等作用。

搏击作用

此式的摆莲腿,在平时练习中,可以锻炼身体的总体灵活性和弹跳能力。在实战中,利用转身跳摆用脚后跟攻击对手头颈部,腿部力道相对比较大,配合身体转动的惯性,击敌效果明显。如果不起跳,只是转身摆腿,就是普通的"虎尾腿",袭击对手的位置就不仅仅局限于头颈部了。

第五十二式 | 翻身左右缠六筋

动作要领

右摆莲落地时,双手从右脚面拍击后由右向左划过正好在小腹前,此时双掌同时由左向右上方抢撩划弧带动身体,起右腿右转翻身,起跳左脚,右脚落地时提左脚向前方一步触地铲出成左扑步。双掌顺势下扒,左掌顺脚面扒过(面向西),起身成左弓步,在左掌扒过脚面时,手掌大拇指向下小拇指向上,外旋抓拳向左方勾腕,做左缠六筋动作,随后右手从后向前撩出抓拳做右缠六筋动作(图52-1~图52-7)。

· 图 52-1 ·

· 图 52-2 ·

第二章 阴阳双合拳动作详解　159

·图 52-3·

·图 52-4·

·图 52-5·

·图 52-6·

· 图 52-7 ·

强身作用

此式的缠六筋与前面的缠六筋强身作用相同，同时该动作中的翻身跳跃等激发脏腑经络的运动活力。

搏击作用

此式的翻身转跳，练就灵活协调的闪转腾挪技巧，在实战中也能出其不意改变攻击方向。图 52-3 所示动作在跳跃中左脚铲出，直击对手脚腕处，如一击不中，跟着图 52-4 所示动作左手扒出，顺势抓住对手脚腕，起身即可将对手掀翻在地。

第五十三式 | 屹立如松

动作要领

① 双拳同时变掌，右掌心向下扒划过小腹前，手臂外旋手心向上托起，身体随之向右转，重心移至右腿成右弓步，左掌在身体右转时手掌外旋掌心向上托起（图 53-1）。

② 双掌抓拳收至肩头，收左脚并于右脚，双拳向下成并步栽拳，面向北方，眼看左方（图 53-2）。

· 图 53-1 ·

· 图 53-2 ·

强身作用

练习此式有沉气机、降浊气、疏肝利胆之功效。

第五十四式 跳马双抄拳

◈ 动作要领 ◈

① 紧接着转头眼看右方,右脚横迈一步(图54-1)。

· 图 54-1 ·

② 双掌从胸前十字双挑上举,即左掌向右上方撩挑,右掌向左上方撩挑,同时提左脚从右腿前面跳跃过右腿,起跳左腿时右腿向右跨出一步,双掌由上向下向内划弧至两跨旁,抓拳沉肘上握,身体下沉成马步双抄拳,面向北方,此时要求尾闾中正(图54-2、图54-3)。

·图 54-2·   ·图 54-3·

强身作用

练习此式有活跃阳刚之气,造就筋骨肌体的纤维力度和抄拳劲力的气机配合,促进意气畅通,实现人体阴阳平衡。

搏击作用

练习此式有助于提高手上钩抄拳的技术劲力和筋骨肌体的纤维力度,同时也加强了腿脚的稳劲与活力。这些对于搏击具有非常良好的辅助作用。

第五十五式 左右背纤

动作要领

① 以右腿为轴心,提左腿向左转身180°,成左弓步,手势不变面向南方。伸左掌顺小腿下切至脚踝下,右拳移至右耳边(图55-1)。

② 左掌下切至脚踝下时,手掌放开五指平按,缠丝抓拳,沉肘收拳,在握拳内收的同时,左弓步重心向右向下沉移变成左虚马步。在左拳内收沉臀移动重心时,手中仿佛真的抓着纤绳,有在用力背纤的感觉,意在左拳(图55-2)。

·图55-1·　　　　　　　　　　·图55-2·

③ 此时左虚马步的左脚跟右转做牛蹄外拧,蹬直左腿成右弓步,右拳变掌顺右小腿下切至脚踝下,左拳移至左耳边(图55-3)。

④ 右掌下切至脚踝下时,手掌放开五指平按,缠丝抓拳,沉肘收拳与肩平,在握拳内收的同时,右弓步重心向左向下沉移变成右虚马步,左拳由左耳旁收至左腋下。在右拳内收沉臀移动重心时,手中仿佛真的抓着纤绳,有在用力背纤的感觉。(图55-4)。

・图 55-3・　　　　　　　　　　・图 55-4・

强身作用

练习此式有牵拉拽引八脉十二经络，通畅气机，平衡阴阳，活跃全身肌肉群的纤维弹性，增强真气运行，"气行而生血，血行风自灭"，气血通畅而防治百病。

搏击作用

搏击作用与第三十五式左背纤相同。

第五十六式 | 震脚内格

动作要领

右肘带动小臂从耳旁向下格挡于右跨旁,同时收右腿并步震脚,此时身体成半蹲(图56-1)。

· 图 56-1 ·

强身作用

练习此式,需沉气于关元,发劲于脚部,震击足上六筋,调节阴阳气机,有沉气壮阳、健脑灵神之功效。

搏击作用

此式的搏击作用在于，当自己被对手抓住身体，或者对手以膝顶击自己时，就可以运用此处的内格，即以拳和前臂由上而下快速格截来破解。此处内格是指格挡之手不抡出身体之外。震脚则是上拦下攻，对手因攻击而靠近，在格挡对方进攻的同时，以震脚来震击对手脚趾头或脚背，令对方防不胜防。

第五十七式 | 右侧蹬

动作要领

起身提右腿侧蹬,右拳与脚同方向冲出,左拳抱于腋下,眼看右手右脚方向(正西方向)(图 57-1)。

· 图 57-1 ·

强身作用

强身作用与第四十七式左侧蹬相同。

搏击作用

搏击作用与第四十七式左侧蹬相同。

第五十八式 跳三拳

动作要领

右蹬脚向前落步,向右转身,提左脚向右脚前方起跳出去,同时击出左拳(正西方向),身体继续右转,回头冲右拳(正东方向),左脚落地,右腿随身体右转至左脚右后方,成马步左冲拳(正东方向),此时面向南方(图 58-1～图 58-3)。

· 图 58-1 ·

· 图 58-2 ·

强身作用

练习此式有活跃阳刚之气,强壮精气神,促进脏腑的血液循环和运化吸收的功能,可有效防治因风寒湿所产生的各类痹症。

· 图 58-3 ·

搏击作用

此式一个转身跳步快速发出三拳,所以叫"跳三拳",一般用于被围攻之时,连续攻击前堵后追之敌。

第五十九式 踏逍遥

动作要领

① 身体左转，右肘下坠，右拳上举至头顶，收回左拳的同时右拳由上向左下划过，左拳从右拳内由下向上穿击而出举至头顶，右拳继续向下向后撩至臀后，提右腿独立（图59-1）。

② 右脚向前迈步，同时屈膝半蹲，左脚向后踏出，即脚跟先着地，脚掌用力至趾尖踏地，再向前方迈步，如此左右脚交替向前踏步。同时双臂放松，以肩为轴，配合踏步节奏甩摇至胸前和身后，踏5～7步，左脚在前右脚后踏完跟上左脚并步震右脚（图59-2～图59-4）。

· 图 59-1 ·

· 图 59-2 ·

· 图 59-3 ·　　　　　　　　· 图 59-4 ·

强身作用

练习此式时，要求半蹲矮踏步，脚跟先着地，脚掌用力至趾尖踏地前行，拽引足上阴阳六筋的弹性劲力，可以调节肝、胆、脾、胃、肾和膀胱的气血循环，实现脏腑阴阳配伍，表里合一，达到平衡阴阳，祛邪疾促健康之功效。

搏击作用

此式主要锻炼腿上劲力和脚趾踏力，以及与手臂松柔的协调性，造就"手眼身法步，精神气力功"之神韵。

第六十式 | 震击阴阳

动作要领

震右脚时，右手握立拳由身后上撩，左手由上而下击拍右小臂肺经列缺穴和大肠经偏历、温溜二穴，紧接着起身提左脚同时左手向下右手向上，此时身体下蹲，震左脚，右手击拍左小臂阴阳二经三穴位（图60-1、图60-2）。

· 图 60-1 ·

· 图 60-2 ·

强身作用

列缺穴属手太阴肺经，在桡骨茎突上方，腕横纹处1.5寸。用手指压列缺穴，可以使手动脉及血液流动，对治疗骨折和伤痕后遗症有非常好的疗效。按摩列缺穴还能治疗伤风头痛、咳嗽气喘、咽喉肿痛、口眼歪斜、牙痛、尿血等症状，宣肺解表，通经活络，通调任脉；邪气入里时，又可借表经之道，引邪外出。它是治疗伤风外感的要穴，还能治疗头项，颜面疾患。

偏历穴属手阳明大肠经上的穴位，位于前臂，腕背侧远端腕横纹上3寸，当阳溪与曲池连线上。偏历穴的主治疾病有：耳鸣、耳聋、目赤、鼻衄、喉痛、扁桃体炎、手臂酸痛、颊肿、目赤痛、口眼斜、齿痛、小便不利、水肿、肩痛、臂痛、肘痛、腕痛、前臂神经痛、癫痫等病症。

温溜穴属手阳明大肠经，为手阳明大肠经之郄穴，位于在前臂，腕背侧远端横纹上5寸，位于阳溪与曲池的连线上。温溜穴主治疾病有：急性肠鸣、腹痛等肠腑病症，疔疮、头痛、面肿、咽喉肿痛等头面病症和肩背酸痛等。

练习此式时，敲击手太阴肺经和手阳明大肠经上的这三个穴位，可以促进肺气肃降，疏通肠道，排毒养颜。中医学认为肺以大肠为阴阳表里关系，促进阴阳平衡，可有效防治便秘、手足麻木痹痛等疾病。此处震脚的强身作用与前面的震脚相同。

搏击作用

此式震击小臂阴阳经络，可以强壮筋骨，提高手臂劲力。同时震脚沉气，也锻炼了腿部劲力，为搏击技巧奠定基础。

第六十一式　阴阳双合手

动作要领

① 左脚向左前方（正西方）迈开一步成马步，与此同时向左转身，刁左手（左手小拇指向上，外旋手腕勾紧，指尖偏上），右手随即外旋变为手心向上，快速上撩至左手腕处下方，与左手成阴阳双合之势（图 61-1、图 61-2）。

· 图 61-1 ·　　　　　　　　　　　　· 图 61-2 ·

② 双手握紧变拳，左拳外旋，右拳内旋，成两拳心相对，握于胸前，同时向右转身并下沉成马步，眼睛看向正西方（图 61-3、图 61-4）。

③ 右手变拉弓式，平肘，拳心向下，左手变阴掌平扫至身体左侧，与右手肘成直线（图 61-5、图 61-6）。

强身作用

练习此式有降浊气、强精气、润肺健肾之功效。

·图 61-3·   ·图 61-4·

·图 61-5·   ·图 61-6·

搏击作用

此式中的刁手在实战中非常有效。左手刁拿对方所出之手腕,右手快速跟上正拿该手腕,两手拧旋反拿,并随着身体下沉,一招可擒住对手。此招也可在自己被抓住时,用于反擒拿手法。

第六十二式 跳跃马步栽拳

动作要领

① 起身左转，面向西方，右拳变掌向左前方前劈，同时收回左掌，由内向右掌上方穿出，左掌继续向前伸出并旋转变换为推掌，掌刃朝外，与此同时右掌向身后扒，双臂伸展成对拉之势，身体随右掌向右回转，眼睛随视右掌方向（图62-1、图62-2）。

· 图 62-1 ·　　　　　　　　　· 图 62-2 ·

② 转头面向东方，左手下扒，右掌从身后抡臂至头顶上方，带动右腿迈向左前方，紧接着左腿起跳，右腿跟着跨至左腿前一步，左转身成马步右栽拳，面向南方，同时左手震击右臂三阳经，强壮肱骨（图62-3～图62-6）。

178　阴阳双合拳

·图 62-3·

·图 62-4·

·图 62-5·

·图 62-6·

强身作用

　　练习此式，运动了足上六筋，增强其柔韧性，同时拍击右臂，震击三阳经（手少阳三焦经、手阳明大肠经、手太阳小肠经），调节三焦气机，促进血液循环，提高脏腑的运化吸收和疏导功能。可防治肢体因退化而产生的关节疼痛等。

搏击作用

此式的弹跳锻炼了腿脚活力,增强运动稳劲和出拳的爆发劲力。

第六十三式 旋风脚

动作要领

双手滚臂成手心向外、向左上方顺时针划弧甩撩,右脚蹬地接击响旋风脚(图 63-1、图 63-2)。

· 图 63-1 ·

· 图 63-2 ·

强身作用

练习此式,旋身起跳,活跃下肢筋脉气血,并用手掌拍击涌泉穴,调节阴阳之气,在起跳中练习提关元之气运送全身,促进气血互生。此动作一气呵成、流畅舒展,有活跃的观赏价值。

搏击作用

此式旋风脚，练习腿脚的弹跳劲力和手掌的击拍劲力。在实战中，紧急情况下，可以转身起跳，有助于提速助力，用小腿和脚背或脚尖由上而下鞭击对手头部、肩部和颈部等。

第六十四式 | 马步击震阴阳

动作要领

旋风脚落地后,成马步稳扎地面,面向正南,右拳坠肘内收于胸前,左掌拍击右小臂尺骨心经(阴)、小肠经(阳)支正穴(图64-1)。

· 图 64-1 ·

强身作用

支正穴在前臂背面尺侧,腕背横纹上五寸。支,树之分枝也,正,气血运行的道路正也。小肠之络脉由此别离正经,走向心经。

练习此式拍击手太阳小肠经(阳)、手少阴心经(阴),调节二经气机的气血循环,提高心脑血管的柔韧性和疏通功能,并能够促进小肠的运化吸收和疏导,有排毒养颜的功能。可防治神经衰弱、肘臂挛痛、糖尿病和疥疮生疣等疾病。

搏击作用

此式震击小臂阴阳经络,强壮筋骨,提高手臂劲力;同时震脚沉气,也锻炼了腿部劲力,为搏击技巧奠定基础。

第六十五式 | 左侧踹

动作要领

① 起身右转,马步成右弓步,右拳外旋,从怀内左手腕内绕出,再向右前上方向外弹出(图 65-1)。

· 图 65-1 ·

② 继续向右转身,并转动右脚尖至北方,收双拳于右侧腹部,提左腿向左前方踹踢出去,意在左脚脚跟(图 65-2、图 65-3)。

强身作用

练习此式牵拉拽引了足上六筋,使其柔韧绵长,疏通气机,促进血液循环,实现脏腑的表里阴阳平衡,从而达到祛病强身之功效。

阴阳双合拳动作详解 185

· 图 65-2 ·

· 图 65-3 ·

搏击作用

练好此式，既可以作为主动进攻，也可以迅猛迎击突然向你袭击的对手。侧踹腿的优势在于进攻时自己身体的重要部位距离对手最远，所以不容易被对手攻击到，但要想攻击效果好，必须做到快发快收。因此练好速度是取胜的重中之重。

第六十六式 | 大开大合

动作要领

① 侧踹的左腿收回,以右脚为轴右转180°,左脚落地,面向南方。再继续右转身体至面向西方,成高虚步,双手撩举于头顶,右手握拳,左掌按在右手小臂上(图66-1)。此时挺胸收腹,乃为大开之势,定势三秒。

② 右脚向右边跨一步,左脚紧跟并丁左脚下蹲,左掌下按至小腹前,右掌下切至右小腿肚(66-2)。此时门户全部封闭,乃为大合。

· 图 66-1 ·

· 图 66-2 ·

强身作用

练习此式能够伸展全身脉络,提高其绵长度和柔韧性,强壮筋骨,活跃精神,增强魄气,提高免疫力,防病强身。

搏击作用

此式大开有诱敌之意,等对手上当攻击近前时,再拦截进攻,此是大合。

第六十七式 右侧踹

动作要领

起身右脚向右横开一步，左脚撤步至右脚后方，同时右掌在下左掌在上，双掌交叉相抱于胸前，提右腿侧踹于右前方，此时双掌顺势分开，右掌随右腿方向推出，左掌沿头顶外推，与右侧踹腿形成对拉之势，意在右脚跟，面向南方（图67-1、图67-2）。

·图 67-1·

·图 67-2·

强身作用

强身作用与第六十五式左侧踹相同。

搏击作用

搏击作用与第六十五式左侧踹相同。

第六十八式 震膻中

动作要领

右侧踹腿收腿时,以左脚为轴右转180°,右腿落地成马步,面向北方,双掌握拳,拳心向下,震击膻中穴(图68-1、图68-2)。

· 图 68-1 ·

· 图 68-2 ·

强身作用

强身作用与第十二式震膻中相同。

搏击作用

搏击作用与第十二式震膻中相同。

第六十九式 开合震肋

动作要领

① 起身双腿站立,双拳同时向外鞭弹,拳心向下,双臂与两腿在同一平面,目视正前方(图69-1)。此时是挺胸收腹的,属阳。

· 图69-1 ·

② 身体下蹲成马步,双拳内收,双肘下坠夹紧于两肋,拳心震击肺经中府穴(图69-2～图69-3)。此时是含胸拔背的,属阴。

强身作用

此式阴阳变换明显,能强壮元气,可提高肢体的绵软柔韧和迅速收发的活泼反应能力。长期练习,自然能达到健康目的。

·图 69-2·　　　　　　　　　　　·图 69-3·

搏击作用

练习此式有锻炼下肢劲力、双臂的弹击力和肘臂的夹击劲力,对肋骨的震击可以强壮内气,有内外兼修的作用,提高身体抗击打能力。练好此式将能攻能守。

第七十式 ｜ 抒气擎天

动作要领

紧接起身站立，两拳直直向上冲出，两拳心相对。随着拳头的冲出，宽抒一口长气（图 70-1）。

· 图 70-1 ·

强身作用

练习此式可以疏通人体十二道气机，直线冲放，抒出脏腑之戾气、虚火，振奋精神，强壮筋骨。

第七十一式 | 击震海箕

动作要领

身体再次下蹲成马步并开胯，同时双臂从上方甩落下来，用尺骨砸震脾经血海、箕门二穴，(图71-1、图71-2)。

· 图71-1 ·

· 图71-2 ·

强身作用

血海穴属于足太阴脾经腧穴，在膝关节上方内侧缘上2寸位置。

① 中医常用血海穴调理皮肤科疾病，神经性皮炎、神经性瘙痒症以及瘾疹，瘾疹即荨麻疹。

② 血海穴是调经要穴，对于妇科月经不调症状，血海是非常重要的配穴。

③ 血海穴邻近膝关节，因此对膝关节疼痛具有良好的调整和治疗作用。

箕门穴属足太阴脾经，距血海穴上2～4个横指处，主治疾病有小便不利、遗尿、腹股沟肿痛等。

击震足太阴脾经的箕门、血海二穴,促进健脾统血,运化水谷,容纳宗气,生长气血,防治下肢关节痛疼、男女生殖器官疾病等。

搏击作用

此式练习腿臂互击,可以强筋壮骨,学会支配意气劲力,提高攻防的自身素质。

第七十二式　左背纤

动作要领

① 左脚做牛蹄拧蹬,左腿绷直成右弓步,身体随之右转同时抬左拳经过面门向右、向下直杵右膝阴市、伏兔二穴,成栓桩意,右拳贴于小腹部(图72-1)。

· 图 72-1 ·

强身作用

强身作用与第三十五式右背纤相同。

搏击作用

搏击作用与第三十五式右背纤相同。

第七十三式 | 左蹬脚

动作要领

① 收左腿靠近右腿,向右转身,重心移至左腿,提右脚随即跟着右转并震右脚站稳,右拳顺势抽甩至高于头顶,面向南方(图73-1、图73-2)。

· 图 73-1 ·

· 图 73-2 ·

② 提左腿右金鸡独立,左拳杵于阴市穴上,右臂伸直与肩平,同时向左侧蹬出左脚,左脚与右拳成对拉之势,定势三秒,意在左脚尖前方(图73-3、图73-4)。

·图 73-3·　　　　　　　　　·图 73-4·

强身作用

强身作用与第四七式左侧蹬相同。

搏击作用

搏击作用与第四七式左侧蹬相同。

第七十四式 左缠六筋

动作要领

左脚收回提膝再向前方迈步落脚成左弓步，左拳由膝盖上方坠肘收回胸前，贴身由内向下向外撩出，做缠六筋动作（图74-1）。

· 图 74-1 ·

强身作用

强身作用与第十五式左缠六筋相同。

搏击作用

搏击作用与第十五式左缠六筋相同。

第七十五式 | 碰手左侧桩

动作要领

① 左腿收回成并步站立,同时左拳向下、向右甩撩至右跨旁,左拳背碰击右掌心,要求击声响亮(图75-1)。

② 左脚向左斜前方(东南方)上一步,右脚紧跟一步成并步站立,双掌心向内手背向外从左胯处随身体左转上撩弹出(图75-2)。此处力道是由腰间发力带动手腕弹出,高度与眉眼平,双臂成微圆弧形,意在指尖。

· 图 75-1 ·

· 图 75-2 ·

强身作用

强身作用与第十八式右侧桩相同。此式碰手有激发手上六筋，活跃气机和神韵之功效。

搏击作用

搏击作用与第十八式右侧桩相同。

第七十六式 阴阳双合手

动作要领

① 右脚向右迈出一步，同时右掌上刁，向右转身，右手腕内旋，左手随即紧跟由腹前上撩至右手前下方，两掌跟相交，手掌成阴阳相对（图76-1）。

· 图 76-1 ·

② 两手同时，右手外旋抓拳左手内旋抓拳，身体左转下沉成马步，双拳内收于胸前，拳心相对。伸右掌手心向下，横扫出去与左肘成直线，眼睛一直注视右前方（图76-2、图76-3）。

· 图 76-2 ·

· 图 76-3 ·

强身作用

强身作用与第十九式阴阳双合手相同。

搏击作用

搏击作用与第十九式阴阳双合手相同。

第七十七式 收势

动作要领

① 左手由肩部向外伸出，同时双掌向下、向内相对搂抱起身，双掌成十字交叉，左手在上右手在下，手心向上缓缓捧托至与胸平，收右腿与肩同宽，起身站立（图 77-1～图 77-4）。

· 图 77-1 ·

· 图 77-2 ·

· 图 77-3 ·

· 图 77-4 ·

② 双掌同时内旋下按，收至两腿前面，再轻收左腿与右腿并立，双手自然垂立于两腿侧边，调整呼吸，由动到静，徐徐收敛心意气息，恢复自然状态（图77-5、图77-6）。

· 图 77-5 ·

· 图 77-6 ·

强身作用

还原到起势状态。

整套招势中有一些重复动作是为了提高该动作对人体发挥作用而特意反复练习的。练习过程中，在用意气劲力的同时要注意刚而不僵、柔而不浮的基本原则，要尽量做到轻松自如、柔和活泼、舒展大方。

附录

媒体报道资料集锦

1995年7月1日　星期六

武 魂

——记少林绝技刚风功传人韩荣春大师

□本报记者　鸿运

提起合肥西郊小庙精武学校校长韩荣春，可谓家喻户晓。这位著名武术家余化龙的关门弟子，不仅武夫上乘，而且他不计私利，只为弘扬中华武术的崇高武德更是令人敬佩。

韩荣春自幼受父亲的熏陶，十二岁时已练就鹰爪功、龙爪功、蛇行功及少林童子功基础。父亲见他对武术如醉如痴，把他送到合肥权家，由权权介绍进入了合肥市武术队进行系统训练。权家离武术队有七八里路，为了练体力他坚持跑步来回，无论严寒酷暑，从不间断。他练功非常认真，不但保质保量地完成，而且还有意识地给自己加大强度。几个月下来，他的功夫在师兄弟中属于佼佼者。

在一次练功中，他幸运地被著名武术家余化龙看中。余老爱才心切，不顾自己年迈的身体，破例收了这个年仅十二岁的韩荣春为关门弟子。这使他如鱼得水，一个不折不扣和盘端出地教，一个如饥似渴刻苦努力地学。就这样，在短短几年内，他精通了罗汉拳、大小洪拳、炮拳、醉拳、地趟拳、黑虎拳、梅花拳，十八般兵器无一不精。

余老见他的功夫已是炉火纯青，心里很高兴，特约武友、查拳名家马金镖、武林泰斗神力"千斤王"王子平来家作客。二老看到韩荣春时，都称赞余老有眼力，认为这个小伙子是个好苗子，并且传授绝技。其中王老传授的阴阳双合拳使韩荣春的功夫更上一层楼。后来，余老又将自己的拿手绝技少林硬功传授给他。经过勤学苦练，他的金钟罩、铁布衫等硬功练出神人话，铁掌功、二指禅穿墙破壁，金刚头开砖断碑。尤其值得一提的是，他成为少林绝技刚风功的唯一传人。

"文革"期间，他被迫含泪离开了恩师，离开了合肥。但是他并没有舍弃令他酷心的武术。每天不管怎样忙，他总要利用早晚时间练武，并带上了一帮热爱武术的青年跟他习武术拳。后来，随着求武者日渐增加，为了进一步弘扬中华武术，他决定创办小庙镇政府的支持，特批二亩地给他，用来建教学楼和训练场。在多方帮助和支持下，一幢六间二层楼房拔地而起，同时还配备了食堂、宿舍、浴池等附属设施。另外，他为了使学员能文能武，开设中小学文化课，同时开设了散打、保卫、气功等专业班，学员毕业发给国家承认的学历证书。

韩荣春凭着自己对武术的一腔热情，将武校越办越红火，取得了丰硕的成果。学员中有省市冠军，有地区金牌得主，有进入中国人民解放军行列，有的进入保安任教，可谓到处桃李绽放。由于武校成绩突出，受到上级有关部门的嘉奖，还被评为"安徽省六强武校"。在荣誉面前，他说："继承和发扬中华武术是历史交给我们的光荣使命，我要把家乡建成武术之乡，为中华武术走向世界作贡献。"

◆1995年7月3日,《经济文化报》报道韩荣春

◆1996年10月11日,《合肥郊区报》报道韩荣春

◆2000年1月19日,《江淮体育报》登载韩荣春的文章《小议格斗实践中的战机》

□图片新闻□全国职工体育先进单位淮南洛河发电厂坚持开展职工喜闻乐见的文体活动，丰富职工文化生活，增强职工凝聚力，不断促进企业两个文明建设的发展。图为春节期间厂工会正组织第七届越野长跑比赛。 （吴雨田　摄）

论武术『力不打巧、巧不打功』

□体育研究/韩荣春

武术之道，技击防身、归根结底落实在实战技击的效果上，“力不打巧、巧不打功”是古代一句流传广泛的武术谚语，现代却鲜为人知，因本人在《少林与太极》中发表此种观点，许多青少年习武者不理解其中内涵，纷纷来信以求解答。今笔者不揣浅陋，整理成文，敬请行家斧正。

“力不打巧”，力者：分为蛮力、爆发力两种。人身体中于生俱来的能量物质，取之不尽，用之不竭，称蛮力。经过一定训练使之能形成顺达自然，刚猛短快的特点，称爆发力。这里的力常指蛮力，死劲。巧者，熟练也，即熟能生巧之巧，泛指能灵活运用，技击得法的格斗散打能手，“不怕千招会，就怕一招熟”就是这个道理，也即专长也。力不打巧，意思是说：一个光有蛮力的人是斗不过在技法上有一定专长并能灵活运用，使用得法的人。讲到力大，人们很自然想到举重运动员，他们身材魁梧，力举千钧，而现代摔跤，散打运动员即是拥有一定技法专长的代表者，他们整天研究的是打、摔，试想一名优秀的举重高手和一个专练散手的运动员交手格斗，其结果我想不说大家也可以想得到，这就说明只有蛮力，不会运用，在实践中是不能奏效的。

那么，什么又是功呢？我想有双重意思。其一：是日积月累，长期修炼不辍而得来的胜过常人速度、力度的结合，到了刚柔并济，超凡脱俗的境界，即功夫也。常言道：日久功深。其二：是指硬功，散打格斗中的抗击打能力。近代武术名家蔡龙云十六岁在香港大胜外国拳师，就是一例。据传蔡龙云年少，每日闭气行拳、闭一口气可连续打击几百拳，千层纸由原来的几天换一次；变成一天换一次、一口气换一次，久之功成，在与外国拳师交手时，他闭气凝神，一口气几百拳下来，对方哪能经得起如此凶猛，近乎狂轰烂炸的打击呢？武坛泰斗王子平先生，每日练功，他在与日本柔道家宫本的较量中，摔断宫本的手臂从而轻松取胜。素有“半步崩拳打天下”的形意拳大师郭云深在特定的环境中刻苦练功，深得崩拳精髓，在江湖中一度无人能敌。这不是巧不打功的最好例证吗？功也包涵了硬功抗打的意思。不管你的身手有多敏捷，反应有多快，在交手格斗中总难免被人家打中，如果你连挨一下子的能力都没有，这样打下去，不败才怪呢。拳家常言：“要想打人，先学挨打”。即是说明功在格斗中的重要地位。

蛮力不能胜巧，巧不能胜功。但需要说明的是：巧须力来完善，功须巧来弥补。有了技能专长的同时还需要具备充沛的力量来完善实施它，使之巧而不浮，功需巧来弥补，做到硬而不僵。力、巧、功三者兼备取长补短、相得益彰。

（作者单位：合肥市西郊小庙镇少林精武学校）

□体育教学/王成胜

让学生在趣味游戏中锻炼身体

二、爬行。爬行可使血液循环流畅，身体重量分散到四肢，从而大大减轻腰椎的负担，提高动作的协调性，消除脑疲劳，促进活化大脑。仿照不同动作的爬行还能培养学生的形象思维能力；提高爬行锻炼的兴趣。如大象赛跑：让学生四肢撑直，赛跑时边摇头边向前爬行，以先到达终点线者为优胜。再如螃蟹爬行：采用上 和左下肢着地，右下肢弯曲抬起成蟹形姿势，在起点后准备。

三、强渡大渡河。此游戏不仅能锻炼学生上肢力量，而且能培养学生勇敢和不怕困难的精神。开始前教师向学生讲述大渡河的故事：战斗打响了，红军要快速过河，但桥上只有几根铁锁链，要过去只能抓住铁锁链双手交替向前，摆动身体过河。教师可以把双杠两端距离作为大渡河，两个杠作为铁锁链。游戏开始时在杠下放上垫子老师在杠边注意保护，防止学生摔伤。

四、跳（兔跳、蛙跳）。这种游戏主要增强学生的下肢力量和身体协调及模仿能力：1、兔跳：跳跃时双脚并拢，双手上举于耳两侧，当作兔的耳朵；2、蛙跳：双腿分开与肩同宽。每跳一次先下蹲，然后奋力向上、向前跳，落地时先用脚前掌着地，嘴里伴有“娃娃”声，形如一只青蛙。

五、飞鸟。此游戏着重活动腰部肌肉和增加肩关节 柔韧性。让学生直立站好后，两臂平举，听教师的口令作左右、上下摆动，象鸟一样展翅飞翔，注意两腿直立不能弯曲，身体不要前后摇摆。

趣味游戏不仅丰富了教学内容，还提高了学生加强体育锻炼的兴趣。同时，百分之九十几的学生在行走、协调性和灵敏度能力方面都有长足的长进。

（作者单位：定远县藕塘小学）

次台球比赛

□六安市六中初二(2)班　刘　勇

校的意见，就把球台搬到学校来了。这样既丰富了同学们的课外活动，又有益于身心健康。

“好！中了！”一阵喝彩声打断了我的回忆。这

◆2000年2月23日，《江淮体育报》登载韩荣春的文章《论武术“力不打巧、巧不打功”》

合肥市蜀山区小庙镇的韩荣春全神贯注地打着拳，不是阴柔的太极，不是虎虎生风的少林拳，却将二者的刚与柔融为一体，轻柔挥出，刚烈落下，这就是流传了600多年的阴阳双合拳，韩荣春是第15代传人，也是唯一传人。日前，合肥市公布第五批市级非物质文化遗产名录，低调至极的阴阳双合拳才进入人们视野。

韩荣春凝神打拳

"蜀山奇侠"阴阳双合拳你想拜师吗

武当为"肌" 少林为"骨" 入选合肥市非遗

600年拳法 或为杨家将后人创立

"从双合拳的动作来看，就发现刚柔并济，它将少林功夫与武当功夫合二为一，取二者之精华。"韩荣春挥出一拳，演示拳法的特点。

韩荣春解释，中华武术分两大"家"：外家与内家。外家如少林功夫，阳刚有力；内家以武当太极拳为代表，阴柔绵长。韩荣春的阴阳双合拳吸取了二者精华，以阴阳相互交融而得名，刚柔并济。

独特的拳法，或许源自一门忠烈的杨家将后人。韩荣春听师父说，阴阳双合拳是元末明初的民间武术宗师杨艺所创，杨艺据传为杨家后人。

8岁习武 打拳过程中学会中医

今年65岁的韩荣春，8岁习武，师从著名武术家余化龙，而余化龙是九华山法师尚吉杰爱徒。韩荣春是家中独子，年幼时父亲怕他被人欺负，加之他喜欢武术，就将他送到了余化龙那里。

学武很辛苦，如果练習风功，夏天凌晨4点就要起床。韩荣春吃苦耐劳，深得师父喜爱，钦点其为独门奇艺"阴阳双合拳"的传人。"阴阳双合拳一直是单传，我是第15代传人，也是目前唯一的传人。"

8年中，韩荣春跟着师父走南闯北"跑码头"。阴阳双合拳的另一特点就是颇具医理，拳术中随处可循中医的牵、拉、拽、引、螺旋缠绕、敲击振穴等功法，能促进五脏六腑、八脉十二经络良性循环，平衡阴阳，强身健体。"习武至今，我没感冒过。"韩荣春也学会了中医医理。

遗憾没传人 谁感兴趣可以来拜师

韩荣春有三个儿子，一个女儿，均自幼随父亲习武。大儿子如今是体育老师，开办了一个业余武术班，就连小孙女也会一两招。

韩荣春还擅长少林拳、陈式太极拳、金钟罩等。他曾被授予"安徽省十佳拳师"、"安徽省荣誉武术师"、"一级武术师"等多项荣誉。

600年单传并秘不外宣的阴阳双合拳，韩荣春作为唯一传人，现在有了新烦恼——没找到传人。几个孩子虽然都习武，遗憾的是都没学阴阳双合拳。韩荣春开始著书，将双合拳的拳法等写成了2万多字，期待出版。他更期待能找到传人，爱武的人都可以来，遇到适合的人他将倾囊相授。

据介绍，合肥市蜀山区文化局计划为阴阳双合拳申报国家级非遗。

通讯员 叶传传 许建军
记者 汪漪／文 卓也／摄

◆2004年11月27日，《安徽商报》报道阴阳双合拳

◆1994年7月,黄山书社出版的《当代安徽》(281~285页)介绍韩荣春及其创办的"肥西精武少林武术学校"

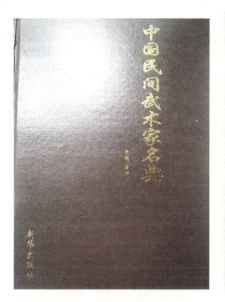

韩荣春(1950.10—),安徽肥西县人。8岁开始习武,12岁进合肥市业余武术队,拜余化龙为师。擅长拳术、器械、气功、散打、摔跤、擒拿、铁布衫、金罩钟、少林刚风功夫。1980年在肥西组建业余武术队任教练;1985年率武术队在肥西表演成功,受到体委表彰;1991年在肥西小庙镇创办肥西精武少林武校并任校长兼总教练;1993年率队参加合肥地区武术比赛获团体冠军;同年获安徽省武术馆校比赛团体冠亚军;自办学以来,先后培养出一大批武术人才;学生侯克嵩参加1995年全国武术大赛获地趟拳金牌。

现为安徽肥西县精武少林武校校长;肥西县武术协会秘书长;安徽省武协委员;合肥市武协教练;中国二指禅功夫院院长。

通讯:安徽省肥西县小庙镇精武少林武校中国二指禅功夫学院 231281

◆1994年10月,新华出版社出版的《中国民间武术家》收录韩荣春

◆2020年12月,黄山书社出版的《蜀山非遗》收录"阴阳双合拳"

◆2020年5月25日,《安徽老年报》报道"阴阳双合拳"传承人韩荣春